W0309727

Pour les sans-voix

Pauvreté, mal-logement, inégalités ne sont pas des fatalités !

Christophe Robert
En collaboration avec Éric Maitrot

Pour les sans-voix

Pauvreté, mal-logement, inégalités ne sont pas des fatalités !

ARTHAUD

FONDATION Abbé Pierre

© Flammarion, Paris, 2024
82, rue Saint-Lazare
CS 10124
75009 Paris
Tous droits réservés
ISBN : 978-2-0802-9023-6

À tous ceux qui contribuent au bien commun,
un bien si précieux...

« À force de sacrifier l'essentiel pour l'urgence,
on finit par oublier l'urgence de l'essentiel. »

Edgar Morin, *La Méthode*, tome 6 :
Éthique, Le Seuil, 2004.

« La misère ne se gère pas, elle se combat. »

L'abbé Pierre

Prologue

Celui qui ne combat pas a déjà perdu

« N'oublions pas que nous avons deux yeux.
Il faut avoir le courage d'avoir un œil ouvert sur la misère
et l'autre sur la beauté des êtres et du monde. »

L'abbé Pierre

Des inquiétudes et de l'espoir, voilà ce qui m'a poussé à prendre la plume à l'approche de l'hiver 2024. À donner de la voix aux « sans-voix », à ces millions de personnes souvent dissimulées derrière les statistiques. Jusqu'à les rendre parfois invisibles.

Au moment du soixante-dixième anniversaire de l'appel de l'abbé Pierre qui, le 1er février 1954, avait provoqué « l'insurrection de la bonté », j'ai voulu briser certains silences, questionner des indifférences et mieux comprendre les blocages de notre société…

Depuis dix-neuf ans que je travaille à la Fondation Abbé Pierre, d'abord comme directeur des études puis comme délégué général, j'ai pu mesurer l'ampleur du chantier et ses évolutions. J'ai croisé beaucoup de solidarités et d'envies d'agir pour un monde plus juste. Mais j'ai aussi vu des personnes pauvres devenir encore plus pauvres ; d'autres, qui s'en sortaient tant bien que mal, basculer dans la précarité. J'ai vu certaines lois, certains dispositifs publics ou choix fiscaux devenir plus défavorables aux personnes en difficulté.

J'ai choisi dans cet ouvrage de rendre visibles ces réalités, de dire ce qui me tient à cœur depuis tant d'années, et de donner à voir comment notre société est devenue pour beaucoup trop de monde une machine à trier et à produire de l'exclusion et des inégalités.

Des inquiétudes d'abord parce que la pauvreté et le mal-logement s'installent insidieusement dans notre pays. Parce que le nombre de personnes sans domicile augmente dangereusement depuis une vingtaine d'années, et que ce problème n'épargne désormais plus ni les femmes ni même les enfants. Inquiétudes aussi parce que le cercle de ceux qui rencontrent des difficultés pour se loger, se chauffer, se soigner ou s'alimenter convenablement, s'élargit chaque année, comme en atteste, en bout de chaîne, l'augmentation des files d'attente dans les distributions alimentaires.

Inquiétudes ensuite parce que les inégalités sociales, territoriales et patrimoniales se creusent, année après année… Avec un enjeu particulier autour de la question du logement, la mère de toutes les batailles selon moi, tant elle fait souvent figure de « grande oubliée » des politiques publiques, alors que le logement constitue désormais le premier poste de dépenses des ménages. Une dépense incompressible, qui ne cesse d'augmenter, et vient amputer d'autres dépenses tout aussi essentielles (santé, alimentation, transports, etc.).

Les exclusions et les inégalités se sont accrues au fil des vingt dernières années et, pour beaucoup, se sont encore accentuées sous les effets de la crise sanitaire, de la crise énergétique puis du retour de l'inflation.

Des inquiétudes car ces réalités ne provoquent pas l'électrochoc et les politiques publiques que l'on serait en droit d'attendre pour espérer inverser la tendance. Et cela, malgré les souffrances qu'elles génèrent pour ceux qui les subissent. Malgré les craintes que d'autres ont de s'y voir confronter un jour. Et malgré le fait que le creusement des inégalités provoque un sentiment de « deux poids, deux mesures » qui suscite a minima de l'incompréhension, et bien souvent de l'indignation…

Inquiétudes enfin parce que cette absence de réponses à la hauteur des enjeux contribue à accroître la défiance envers les institutions et le monde politique ; et cela à une période où notre démocratie présente déjà de sérieux signes de fatigue ; à une période où le pays apparaît fortement divisé et marqué par d'importantes tensions sociales et la tentation du repli sur soi.

Ces constats ne font pas plaisir à écrire, ni certainement à lire. Mais ils sont bien réels et demandent à être regardés en face, avec honnêteté, courage et détermination. Ils demandent surtout à être rapidement inversés, tant nous savons que pour faire face aux défis sociaux, économiques, écologiques et démocratiques qui sont devant nous, nous aurons besoin d'une forte cohésion sociale.

Ce qui suppose de sortir de faux-semblants qui ne dupent plus personne, d'accepter de regarder le pays tel qu'il est, et surtout de faire la chasse aux décisions injustes. Nous devons d'urgence nous atteler à apaiser notre société et à la faire grandir, en veillant à ce que chacun puisse y vivre dans de bonnes conditions et contribuer, à sa juste place, à « faire société ».

*

L'espoir maintenant. À l'évidence, sur de nombreux fronts, les choses ont évolué positivement depuis l'appel de 1954. Notamment avec le fort développement de notre modèle de protection sociale à la sortie de la Seconde Guerre mondiale. Il est aujourd'hui encore considéré comme l'un des plus performants au monde, et s'inscrit dans une longue histoire qui lui confère des bases solides.

Mais rien n'est jamais acquis. Et chacun perçoit bien à quel point ce modèle est désormais bousculé. Bousculé par de nouvelles réalités sociales et économiques, par les transformations du monde du travail, la tentation de la privatisation de services publics, la montée des coûts liés au logement. Mais aussi par de nouvelles réalités politiques : les coups de boutoir portés à notre protection sociale s'intensifient et doivent être pris avec d'autant plus de sérieux que dans de nombreux domaines, les filets de sécurité ont craqué, et que dans d'autres, ils sont fortement fragilisés…

Je ne citerai ici que deux exemples de reculs qui marquent l'actualité à l'heure où j'écris ces lignes. De nombreux parlementaires voudraient revenir sur l'aide médicale de l'État, laquelle permet aux personnes sans titre de séjour, sous conditions de ressources, de se soigner avec un panier de soins réduit. Et cela malgré l'unanimité des acteurs de la santé et du social qui soulignent – comparaisons internationales à l'appui – à quel point ce dispositif constitue une avancée majeure pour les personnes concernées, mais aussi pour l'ensemble de la société sur le plan sanitaire (en limitant les risques de contagion par exemple) et économique (en soignant les personnes avant que les pathologies ne s'aggravent et ne soient ainsi plus coûteuses). Autre exemple, mi-octobre 2023, la préfecture de police de Paris a voulu interdire pendant un mois les distributions alimentaires dans différents quartiers de deux arrondissements de la capitale (Xe et XIXe), sous couvert de risques de « troubles à l'ordre public ». Une décision aussitôt suspendue par le tribunal administratif de Paris, lequel avait été saisi par diverses associations, dont la Fondation Abbé Pierre…

Les inquiétudes qui nous occupent dans ce livre sont évidemment bien plus profondes que ne le donnent à voir ces deux seuls exemples. Mais ils doivent nous alerter et nous interroger sur les évolutions qui conduisent à de tels choix.

Sachant que l'enjeu est plus largement de s'assurer que ce système de protection sociale dont notre pays est si fier, et qui est tant vanté en périodes de crise, non seulement ne se dégrade pas, mais soit aussi réajusté et renforcé pour tenir compte des nouvelles réalités du monde d'aujourd'hui.

Espoir également au regard de toutes les initiatives solidaires, les engagements citoyens, les attentions aux plus faibles, les forces sociales et politiques qui sont mobilisées au quotidien dans notre pays. Ces forces, je n'ai cessé de les voir se manifester avec une grande détermination depuis trente ans, et singulièrement ces deux dernières décennies au sein de la Fondation Abbé Pierre. Elles constituent de précieux atouts, le terreau à même de générer un monde plus apaisé et solidaire. Il est essentiel selon moi de l'entretenir, de le cultiver et de le faire grandir.

Une dernière raison m'a conduit à écrire ce livre : l'urgence de la question écologique et son interdépendance avec la lutte contre les exclusions et les inégalités. Car la dimension sociale de la transition écologique est cruciale. Au point que les réformes à mener ne pourront être conduites qu'à la condition que les mesures mises en œuvre soient justes et ne provoquent pas davantage d'exclusion et d'inégalités.

Ces défis sont colossaux et appellent de nouvelles façons d'agir, plus complexes, ne serait-ce que parce qu'elles exigent de sortir d'une vision en « tuyaux d'orgue » (le social d'un côté, l'écologie ou l'économique d'un autre) et de traiter les problèmes de manière globale. Ces défis imposent de faire évoluer profondément nos politiques publiques, sachant que les acteurs sociaux doivent y prendre toute leur part aux côtés des responsables politiques locaux et nationaux et de ceux qui agissent dans le domaine de l'écologie ou de l'économie. C'est ce à quoi nous tentons de nous atteler à la Fondation Abbé Pierre mais aussi avec d'autres organisations de la société civile, notamment réunies au sein d'une nouvelle alliance prometteuse, le Pacte du pouvoir de vivre.

Voici donc les principales motivations qui m'ont conduit à prendre la plume. Mais écrire pour dire quoi et pour faire quoi ?

*

Avec cet ouvrage, j'ai également l'ambition de rendre plus visibles les souffrances que génère la grande exclusion. Cette détresse est trop souvent méconnue, en particulier en ce qui concerne les plus pauvres de nos concitoyens et toutes les personnes « sans » : sans abri, sans domicile, sans papiers, sans soutien de proches, etc. Je souhaite aussi rendre visible et audible ce qu'endure tout un pan de la population. Tous ceux qui, sans relever de la grande exclusion, vivent néanmoins dans un profond désarroi et l'inquiétude du lendemain, tant leur situation est précaire. C'est le cas des travailleurs pauvres, des personnes en temps partiel contraint, des femmes seules avec enfants qui ne peuvent trouver un emploi à temps plein en raison du coût des frais de garde, etc.

Sans oublier les inquiétudes des ménages qui, malgré des ressources au Smic, voire légèrement au-dessus, ont bien du mal à répondre aux besoins quotidiens de leur famille. Ou encore de ceux qui redoutent le « déclassement social » et ne comprennent pas pourquoi ils ne sont pas aidés…

Rendre visible pour sortir de l'aveuglement, tel est l'un des objectifs majeurs de ce livre. « Donner de la voix aux sans-voix » comme aimait à le dire l'abbé Pierre et faire entendre une alerte qui me semble majeure : l'ancrage de la pauvreté et du mal-logement comme l'accroissement des inégalités dans notre pays créent de profondes fractures qui seront de plus en plus difficiles à réparer si nous ne réagissons pas avec détermination.

Il nous faut dès lors sans plus attendre mieux cibler et calibrer les aides, les dispositifs et les moyens à disposition de la puissance publique. Les arbitrages en la matière suscitent trop souvent de l'incompréhension, un sentiment d'injustice, et parfois même de fortes tensions sociales et de la colère, comme cela a par exemple été le cas lors de l'épisode des Gilets jaunes…

Prendre la parole, enfin, pour rendre justice aux plus fragiles d'entre nous, mais aussi rendre un peu de ce que beaucoup m'ont donné au fil de nos rencontres, malgré la dureté de leurs situations, en faisant preuve d'une telle dignité et d'un tel courage que j'en ai souvent été bouleversé.

*

C'est sans doute en partie lié à mon parcours personnel et professionnel, mais plus le temps passe et moins je supporte les injustices, les jugements hâtifs, les mises à l'index de boucs émissaires, les fausses bonnes raisons avancées (sciemment ou non) pour justifier telle ou telle réduction de voilure en matière de soutien aux plus fragiles…

Je supporte de moins en moins de voir le décalage entre les souffrances de ceux qui subissent des choix injustes et les discours paternalistes de ceux qui font la leçon en s'appuyant sur des idéologies, des faux-semblants ou des approximations. De voir que certains, parmi ceux qui vivent bien et pensent que cela tient à la seule force de leur détermination, pointent du doigt les autres, appelés à « se remuer plutôt qu'à vivre aux crochets de la société ». Je les invite à se pencher sur la sociologie, à lire (ou relire) Pierre Bourdieu et bien d'autres, qui, pour ma part, m'ont permis de mieux mesurer le poids des destins, des rapports de domination et les mécanismes de reproduction des inégalités.

Je les invite à mesurer à quel point être né ici, dans cette famille, dans ce quartier, ce pays, est souvent déterminant. Car ne nous trompons pas, c'est la conception même de la cohésion sociale qui est en jeu sous la menace de tels discours et plus largement de la stigmatisation croissante de tout un pan de la population.

À une période où le tourbillon médiatique, les informations parcellaires, erronées, l'emportent parfois sur le réel d'un monde de plus en plus complexe, j'ai aussi voulu prendre le temps d'écrire pour poser les choses. Car tout va très vite dans le débat public, dans les médias, sur les réseaux sociaux et parfois même dans les réunions avec les ministres ou les responsables politiques. Bien trop vite pour appréhender de façon satisfaisante la réalité des enjeux sociaux…

Prendre le temps pour partager mon expérience, davantage en tant que témoin que sociologue, d'ailleurs, sur les politiques publiques et les initiatives qui marchent, comme sur celles qui manquent à l'appel ou sont désormais moins performantes. Car je suis souvent surpris de voir à quel point de bonnes solutions et de bonnes politiques, sur des sujets sociaux ou écologiques majeurs, ont tant de mal à voir le jour et à être démultipliées.

Prendre le temps aussi de rendre hommage à tous ceux qui, dans les associations, les services publics, dans le cadre de leurs activités bénévoles, salariées ou leurs mandats politiques, agissent au quotidien (souvent sans compter leur temps) pour « réparer » la société ou les désordres du monde. Ils le font contre vents et marées alors que de plus en plus fréquemment ils ont le sentiment d'écoper à la petite cuillère un bateau peu étanche et bien chargé, et en dépit parfois d'une grande fatigue et de la tentation de laisser tomber…

Prendre le temps enfin de comprendre les résistances et les défiances (plus ou moins bien fondées) qui sont en jeu et d'identifier les voies à emprunter pour les lever. C'est par exemple le cas des freins liés au degré d'acceptabilité des mesures sociales ou écologiques ; ou des contraintes budgétaires, sachant que les politiques à mener en la matière seront nécessairement coûteuses. Il m'a semblé urgent de revenir sur ce qui pourrait être fait pour sortir de certaines impasses, alors que nous avons tant besoin d'agir. Je l'ai fait sans avoir la prétention de détenir une quelconque vérité, mais sans faux-semblant non plus.

*

Il était aussi pour moi impératif de m'interroger (et de vous interroger) sur le fonctionnement de notre démocratie. À l'heure où l'empathie et la bienveillance tendent à céder la place au rejet et à l'exacerbation des différences. À l'heure où la recherche du consensus, par le dialogue et la délibération, tend à être supplantée par la radicalité des discours et des postures. Car je suis convaincu que les transformations majeures qui s'imposent à nous, sur le plan social et écologique, ne pourront se faire sans une large mobilisation de la société.

Enfin, j'ai voulu écrire ce livre pour contribuer à la bataille des idées dans laquelle nous sommes plongés. Une bataille pour un monde plus juste et respectueux des différences. Pour un monde de partage, à même de corriger les inégalités de destin et de patrimoine, à même de protéger les plus fragiles et nos ressources naturelles. Sans nécessairement attendre le « grand soir » mais en agissant vite et énergiquement pour limiter au maximum les désillusions, les dommages et les souffrances.

J'ai voulu y contribuer sans prétention ni angélisme, mais le faire quand même, convaincu que ce qui fait tourner le monde tient plus qu'on ne le pense souvent aux idées qui se partagent dans la société. La période d'incertitude dans laquelle nous sommes entrés pourrait bien, d'ailleurs, laisser une partie du jeu plus ouverte que nous ne le pensons et provoquer des changements plus vertueux… Je reste convaincu enfin que notre pays – à condition de s'en donner les moyens – est capable du meilleur.

Souvent, on me demande si je n'en ai pas marre de ces combats difficiles. Je réponds à chaque fois que si cela permet de répondre aux besoins de quelques personnes en souffrance, si cela aide à en sensibiliser d'autres à l'importance vitale de faire vivre les solidarités et de protéger notre planète, ce sera déjà ça de fait.

Et les jours de grand vent et de doute, je me rappelle cette phrase de Bertolt Brecht que j'ai faite mienne depuis longtemps : « Celui qui combat peut perdre, mais celui qui ne combat pas a déjà perdu. »

1

Bienvenue dans un monde d'incertitudes

Le réveil s'annonçait brutal. Fatalement brutal… Pendant de trop longues décennies, nous avons collectivement pensé que nous étions engagés dans un processus vertueux. Nous nous sommes persuadés qu'en dépit de quelques soubresauts, chez nous en France et dans les pays occidentaux, nous allions vers « le mieux » grâce à la science, aux technologies, à la recherche, au multilatéralisme, aux institutions internationales, à la force des droits humains, à notre système de protection sociale et au sens de l'histoire « moderne »…

Aujourd'hui, il est difficile de continuer à se bercer d'illusions : les indicateurs produits année après année par la Fondation Abbé Pierre ou ailleurs montrent que les inégalités se creusent, que le mal-logement et la précarité gagnent du terrain et que les plus pauvres se précarisent toujours plus. Dans le même temps, la planète est en danger, l'inquiétude monte sur la capacité de notre pays à préserver des services publics de qualité (écoles, hôpitaux, transports publics, justice, etc.) tout comme les protections sociales acquises au fil des décennies. Inquiétude aussi quant à la volonté réelle ou la capacité des décideurs politiques à faire vivre la démocratie et à fédérer la diversité des composantes sociales.

Autant d'appréhensions pour beaucoup, d'interrogations pour d'autres, qui peuvent inciter à prendre ses distances avec le collectif, à penser qu'il faut davantage compter sur soi-même que sur les autres ou sur la société, à choisir de se refermer sur soi, son univers proche ou sa communauté...

Qui aurait pu prévoir que ces difficultés allaient atteindre une telle acuité aujourd'hui ? Ceux qui depuis vingt ou trente ans gardent les yeux ouverts savaient que les menaces étaient réelles. Ceux qui se trouvaient confrontés personnellement ou professionnellement à l'une ou l'autre de ces tensions en mesuraient la gravité (c'est le cas par exemple des soignants face à la dégradation du secteur hospitalier, des associations de solidarité face à l'augmentation du nombre de personnes sans domicile ou qui frappent aux portes des distributions alimentaires). Nombre d'entre eux lançaient régulièrement des cris d'alarme ; les rapports du GIEC sur la question écologique qui se perdaient trop souvent dans une sorte de désert d'indifférence ou de dénis en sont un parfait exemple... Mais cette fois, nous y sommes.

Nous sommes entrés dans un monde d'incertitudes où les crises se superposent voire s'entretiennent. Un monde dans lequel le progrès n'est plus suffisant, et, parfois même, est à l'origine des ruptures que nous subissons.

Un monde dans lequel les plus fragiles risquent de souffrir plus que les autres, un monde où tout peut devenir possible tant la période est indécise et tant les immenses transformations qui s'imposent sont urgentes et vitales.

De la crise financière de 2008 au dérèglement climatique

Ces crises sont de natures différentes mais viennent, à divers degrés, percuter nos certitudes et nos évidences. Elles s'additionnent, avec ou sans aucun lien entre elles, mais contribuent toutes à susciter interrogations et remises en cause. À ce titre, elles font système en déstabilisant les individus tout autant que le corps social.

Sans prétendre à l'exhaustivité, on peut ici en évoquer quelques-unes. Je pense en premier lieu à la crise financière internationale de 2007-2008 qui est venue semer le doute sur notre prétendue « maîtrise des enjeux économiques ». Avant cette date, lors de débats auxquels j'ai eu l'occasion de participer sur la situation économique de notre pays ou sur les solutions possibles pour lutter contre la pauvreté et le mal-logement, on m'a souvent répondu qu'il n'était pas nécessaire d'engager de tels chantiers, qu'il n'y avait « pas vraiment d'inquiétudes à avoir », que « les choses étaient sous contrôle » !

L'idée de ces tenants du statu quo était de laisser penser que de nombreuses digues allaient, comme par magie, nous préserver des désordres : l'expérience accumulée au fil du XXe siècle, l'efficacité des institutions de régulation économique nationales et internationales, « la sagesse » des acteurs économiques, « l'intérêt collectif » qui l'emporterait sur d'autres considérations, ou encore la fameuse « main invisible » d'Adam Smith[1]...

Il s'est aussi bien souvent trouvé quelques esprits éclairés pour me rappeler au passage que faire de l'économie, c'est un métier, et que je serais bien inspiré de continuer de m'occuper des mal-logés et des pauvres et de laisser les grandes questions aux grandes personnes.

Mais voilà, les faits ont balayé tout cela et l'économie américaine a violemment dévissé lors de la crise des subprimes, emportant avec elle une économie mondiale devenue interdépendante. Dévissé parce que, pour dynamiser l'activité économique, le choix a été fait de permettre à des personnes qui n'en avaient en réalité pas vraiment les moyens de consommer, d'acheter des logements via des crédits hypothécaires que beaucoup n'ont pas été en mesure de rembourser et qui ont in fine tout perdu, y compris parfois leur logement. Ce qui a ruiné plus de 10 millions de ménages américains qui ont fait l'objet d'une saisie immobilière entre 2007 et 2012.

À ce propos, je me souviens avoir été relativement inquiet lors de la campagne présidentielle en 2007 lorsque Nicolas Sarkozy qui prônait « une France de propriétaires » indiquait vouloir encourager l'accès à la propriété des ménages modestes via une réforme du crédit hypothécaire qui faciliterait le recours à la garantie de leur emprunt par la valeur de leur logement. Le candidat qui considérait que les ménages français étaient les

1. Adam Smith est un philosophe et économiste britannique du XVIIIe siècle. Sa doctrine reposait sur l'idée que l'efficacité du marché permettait la satisfaction du plus grand nombre, ce qui revient donc à considérer que les marchés finiront par s'autoréguler pour répondre aux besoins de la société.

moins endettés d'Europe pour justifier cette mesure a été élu, mais la proposition n'a évidemment pas fait long feu du fait de la crise aux États-Unis.

Autres déflagrations et nouveaux traumatismes, je veux aussi évoquer les attentats terroristes de 2015 qui sont venus frapper la capitale française et le cœur de la République faisant plus de 130 morts et 400 blessés. Des attentats qui, par leur cruauté, leurs cibles, leur folie, ont provoqué une sidération de grande ampleur. Des attentats qui ont aussi suscité une forte mobilisation citoyenne, mais ont laissé une cicatrice profonde dans les mémoires et les chairs de tout un peuple.

Comment pourrais-je ne pas aborder maintenant cette crise migratoire que nous avons tant de mal à regarder en face ? La Méditerranée, mais aussi la Manche, sont devenues d'immenses cimetières à ciel ouvert pour des milliers d'exilés qui fuient la guerre ou la misère, qui vivent dans de telles conditions qu'ils sont prêts à prendre le risque de mourir pour trouver un avenir meilleur pour eux ou leurs enfants. Des horreurs à répétition qui percutent là aussi nos certitudes, notre capacité collective à refuser l'inacceptable. Eh oui, nous en sommes là ! Serons-nous capables de faire en sorte que la dignité humaine reste un enjeu qui ne souffre d'aucune nuance ? Saurons-nous continuer de respecter les droits humains fondamentaux et faire avancer la solidarité européenne ? Avec en toile de fond l'hypocrisie et le caractère profondément inopérant des accords de Dublin[1] qui veulent que les pays par lesquels ont transité

1. La convention de Dublin signée en juin 1990 a été réformée par le règlement Dublin II en 2003 puis par le règlement Dublin III en 2013.

en premier les exilés sont ceux au sein desquels les personnes doivent formuler leurs demandes d'asile.

Ce sujet compte parmi ceux qui me paraissent les plus difficiles à appréhender. Entre le « la France ne peut pas accueillir toute la misère du monde » qui fait référence à des propos souvent repris de façon partielle ou tronquée de Michel Rocard, alors Premier ministre, et le « ouvrons les frontières » sans conditions porté par certains utopistes, les chemins susceptibles d'offrir une lecture apaisée de la question se rétrécissent progressivement. Le sujet est de plus en plus fréquemment malmené, instrumentalisé, faisant fi de nos responsabilités et obligations internationales en matière de droit d'asile et de la réalité de la maîtrise des flux migratoires dans notre pays. Mais surtout, et j'ai pu le mesurer au fil des années passées au sein de la Fondation Abbé Pierre, il conduit de plus en plus à des propos excluants et parfois même hystérisants. Un constat qui va de pair avec la montée de l'extrême droite dans notre pays et ailleurs bien sûr, même si force est de constater que cette posture n'est plus réservée à l'extrême droite et qu'elle tend à se répandre dans d'autres familles politiques comme un lent et dangereux poison.

Je pense aussi à la pandémie mondiale de Covid-19 qui a fait resurgir au printemps 2020 notre extrême vulnérabilité. Soudainement et insidieusement, un minuscule virus est venu frapper la planète entière, désorganisant nos systèmes bien huilés et semant le doute quant à nos capacités d'y remédier. Un virus qui a plongé la planète dans un chaos digne d'un roman d'anticipation, de périodes de confinement strict en restrictions drastiques des déplacements, déstabilisant l'économie mondiale et réinterrogeant la pertinence des marchés mondialisés et spécialisés : si l'on ne produit plus de ceci ou de cela dans notre pays parce qu'on l'achète moins cher ailleurs, comment nous en sortir lorsque les échanges ne fonctionnent plus ou sont soudainement réduits ?

Cette crise du Covid-19 a défié les dispositifs médicaux dont le nôtre, considérés comme un des meilleurs au monde : il s'est agi de gérer certaines pénuries notamment de masques de protection, de déprogrammer des soins et des interventions médicales majeures, d'aménager des TGV pour déplacer les malades d'une région à l'autre, d'en venir à trier les malades prioritaires, un terrible crève-cœur pour tout médecin et pour chacun d'entre nous…

Il s'est aussi agi d'interdire pendant un temps aux familles d'assister aux funérailles de leurs proches, de visiter leurs parents dans les maisons de retraite, etc., la liste est longue des conséquences de cet épisode que nous n'aurions jamais imaginées et qui ont ramené les pays dits les « plus développés » à des réalités que d'autres États n'ont jamais cessé d'affronter : une vulnérabilité que nous nous évertuons à oublier depuis tant de décennies. Avec des incidences plus importantes pour les personnes les plus fragiles socialement qui ont par exemple été davantage frappées de surmortalité dans nos quartiers populaires du fait notamment de la promiscuité liée au surpeuplement dans les logements[1].

1. « En Seine-Saint-Denis, le nombre de décès constatés entre le 1er mars et le 3 avril 2020 a augmenté de 82 % par rapport à l'année précédente, soit la hausse la plus forte de l'ensemble des

Deux ans plus tard, en février 2022, notre continent est frappé par une nouvelle guerre, militaire celle-là. La Russie de Vladimir Poutine décide d'envahir l'Ukraine sous couvert d'une « opération spéciale » censée chasser les nazis du pays. Les intentions du maître du Kremlin ne sont pas nouvelles dans la région et 2014 avait déjà été marquée par l'annexion et l'intégration de la Crimée au sein de la fédération de Russie dans la foulée de la destitution du président pro-russe Ianoukovytch (sans oublier l'intervention dans le Donbass). Une large part de la communauté internationale ne reconnaîtra pas cette annexion et s'opposera aux velléités de la Russie mais sans soutenir militairement l'Ukraine, contrairement à ce nouvel épisode sanglant.

Sans entrer dans les dimensions géopolitiques et militaires qui caractérisent cette nouvelle guerre puisque je n'ai aucune compétence en la matière, force est de constater qu'évidemment cette offensive russe inquiète profondément la communauté internationale et en particulier les pays européens les plus proches.

Là encore, cette guerre vient rappeler à notre bon souvenir notre instabilité et la folie dont font parfois preuve les hommes. Tout comme l'a fait dès l'abominable journée du 7 octobre 2023 le conflit meurtrier entre Israël et le mouvement islamiste palestinien Hamas.

---

départements après le Haut-Rhin, où l'épidémie a démarré en France (source : www.insee.fr/fr/information/4470857) », « Le Covid-19, la guerre et les quartiers populaires », https://metropolitiques.eu/Le-Covid-19-la-guerre-et-les-quartiers-populaires.html

Elle ravive en chacun de nous la tragique réalité des guerres récentes y compris en Europe (je pense notamment aux différents conflits ayant suivi la désintégration de la Yougoslavie à partir de 1991), nous faisant sortir de l'illusion d'être protégés comme par magie au sein d'un espace géographique pacifié depuis de nombreuses décennies.

L'incompréhension face à ces velléités d'extension de la Russie que beaucoup considèrent comme relevant d'un « autre âge », la violence de cette guerre qui est le théâtre de tortures et d'actes qui seront très certainement qualifiés de « crimes de guerre », frappant des civils et des installations de la vie quotidienne, la peur de l'extension territoriale du conflit, l'effroi de l'éventuel recours à l'arme nucléaire, sont venus bousculer beaucoup de nos certitudes et suscitent un profond désarroi au cœur de nos démocraties… À l'instar des atrocités constatées vingt mois plus tard en Israël et en Palestine.

La liste serait encore longue des événements et crises qui ont récemment bouleversé nos repères, nos représentations mais aussi notre quotidien. Mais je souhaiterais terminer sur l'été que nous avons vécu en 2022, dans notre pays, même si le constat dépasse évidemment nos frontières.

Incendies de forêts de grande envergure et dans un nombre de territoires plus étendus qu'à l'accoutumée ; violents orages ; inondations ; sécheresse ; épisodes de fortes chaleurs avec de nouveaux records battus… Cet été 2022 de tous les dérèglements a rendu flagrant aux yeux de tous ce que pointaient déjà les scientifiques dans les années 1970 et ce que ne cessent de répéter depuis les experts du GIEC, les COP successives, le

Haut Conseil pour le climat ou les associations écologistes. Il est désormais acquis scientifiquement que ces intensifications de phénomènes naturels extrêmes sont le fait de l'action de l'homme sur la planète – via en particulier les émissions de gaz à effet de serre – et ne sont que les prémices de ce qui nous attend de façon plus régulière et intensive dans les prochaines décennies si nous n'agissons pas avec une immense détermination. Un dérèglement climatique désormais tragiquement perceptible auquel il faut ajouter d'autres enjeux écologiques majeurs tels que l'effondrement de la biodiversité (1 million d'espèces de plantes et d'animaux sont aujourd'hui menacées d'extinction sur 8 millions) ou la dégradation des fonds marins.

Une lame de fond qui fragilise notre cohésion sociale

J'imagine combien ces dernières pages peuvent décourager ; mais là n'est pas mon intention. Comprenons bien qu'il ne s'agit pas ici de faire la liste noire des crises qui frappent notre quotidien ni de rajouter une couche à l'anxiété déjà bien présente dans nos sociétés, mais de constater que le sentiment de relative « insouciance » et de « confiance en l'avenir » s'évapore lentement. Ces réalités vont nécessairement modifier en profondeur notre vision du monde et changer la donne à bien des égards.

Bien malins, ou présomptueux, seraient pour autant ceux qui prétendraient savoir où ces nouvelles réalités vont nous conduire dans les années et décennies à venir, tant en matière de choix individuels que collectifs. Il faut dire que la situation témoigne d'une rare complexité : ces crises se succèdent tout en se superposant et, dans bien des cas, s'entretiennent les unes les autres.

Il est toutefois possible et pertinent d'en extraire diverses observations et d'en tirer quelques enseignements au regard des questions essentielles qui nous occupent dans ce livre.

C'est le cas de la prise de conscience des enjeux écologiques, notamment climatiques, qui a fortement évolué depuis quelques années et continue de progresser significativement. Les changements d'attitude auxquels cela conduit reste inégaux, ne sont pas à la hauteur du phénomène, mais sont bien réels : davantage de tri sélectif, de recours aux mobilités douces quand cela est possible (avec une nette augmentation de l'usage du vélo en milieu urbain depuis la fin de la crise sanitaire), achats plus responsables quand les ressources le permettent (même si cela concerne peu les biens technologiques), développement du réemploi, travaux améliorant la performance thermique des logements quand les moyens financiers sont au rendez-vous, etc.

Là encore, la liste serait longue et il ne s'agit pas de prétendre à une analyse exhaustive de ces pratiques, mais de constater ces prises de conscience et évolutions[1] ; et aussi d'en pointer les limites et les enjeux. Notamment pour la partie de notre société qui dispose de ressources limitées. Sur le volet alimentaire, qui peut effectivement s'offrir le bon et le local ? Lorsque les ZFE

1. Relayées jusqu'au sommet de l'État par le président de la République qui constatait fin août 2022 « la fin de l'abondance ».

(zones à faibles émissions mobilité) seront toutes effectives ainsi que la loi le prévoit, qui pourra encore circuler en centre urbain [1] ? Qui pourra accéder aux voitures électriques lorsqu'en 2035 les moteurs thermiques neufs seront interdits à la vente dans l'Union européenne ? Qui est en mesure, compte tenu des aides publiques existant à ce jour, de rénover son logement de façon performante et globale pour réduire ses dépenses de chauffage et ses émissions de gaz à effet de serre ?

Autant de questions on ne peut plus déterminantes pour une partie des classes moyennes, mais surtout pour les catégories les plus modestes et précaires qui risquent de subir durement ces évolutions et sont donc aujourd'hui légitimement inquiètes.

Déterminantes aussi pour garantir l'acceptabilité sociale de ces transitions écologiques qui s'imposent et au final, leur effectivité. Un immense défi pour les politiques publiques à venir, car sans une large adhésion, les changements attendus risquent fort de ne pas être au rendez-vous, ou alors au prix d'un désordre social périlleux. À ce propos l'épisode « taxe carbone », souvent considéré comme l'étincelle qui a, en novembre 2018, déclenché le mouvement des Gilets jaunes, résonne comme une « alerte rappel » présente

1. Quarante-cinq métropoles et agglomérations seront à terme concernées par la mise en place de ZFE-m, ces zones qui interdiront progressivement l'accès à certains véhicules selon leur motorisation et leur première année de mise en service (vignettes Crit'Air). En 2025, 44 % de la population française devrait ainsi être concernée. Rappelons que, selon Santé publique France, 40 000 personnes sont mortes dans notre pays en 2021 à cause des pollutions aux particules fines.

dans tous les esprits des acteurs investis dans la gestion de ces transitions.

D'autant que ces évolutions et enjeux majeurs ne vont pas sans soulever d'autres questions. Je pense par exemple au débat montant sur le « À quoi bon ? ». À quoi bon trier ses déchets ou limiter ses déplacements en voiture si dans le même temps les ultra-riches continuent à utiliser des jets privés avec un impact considérable sur la planète ? À quoi bon limiter son chauffage à 19 °C si dans le même temps les écrans publicitaires lumineux ne cessent de fleurir dans nos villes ?

Des parallélismes très fréquents, plus ou moins pertinents certes, mais dont nous aurions tort de sous-estimer la portée tant ils se recoupent avec un fort sentiment de « deux poids, deux mesures » qui ne cesse de se diffuser dans de nombreux espaces de notre société : creusement des inégalités de ressources, perte de confiance des couches populaires à l'égard des élites politiques, économiques et médiatiques, recours accru au privé créant de profondes inégalités dans l'accès aux soins, à l'école, etc. Une lame de fond susceptible de fragiliser durement la cohésion sociale.

Je pense aussi à l'idée selon laquelle, face à l'urgence et à la gravité des enjeux écologiques, la radicalité serait la voie à suivre. Ces manifestations extrêmes, tant dans les actions de sensibilisation que dans le débat public (happenings donnant lieu à des dégradations de biens publics ou privés, blocages intempestifs de route, virulence et polarisation accrues des discours notamment sur les réseaux sociaux, etc.), sont de plus en plus jugées légitimes. Mais elles ont aussi un effet repoussoir au sein d'une partie importante de la population, alors que les enjeux considérés exigent l'adhésion et l'implication d'un maximum de monde. Un constat que partagent d'ailleurs de nombreux activistes qui considèrent que si l'électrochoc s'impose parfois, il doit s'accompagner, dans la foulée ou simultanément, d'un mouvement plus consensuel et plus largement mobilisateur.

Grande démission ou immense gâchis ?

Dans un autre registre, la hauteur du mur qui se dresse devant nous et l'ampleur des chantiers sur les fronts écologiques, sociaux, démocratiques ou économiques, tout comme leur interdépendance et la complexité qui en découle, tendent à provoquer des sentiments ou des réactions de nature à affaiblir la dimension collective de la mobilisation.

Le premier auquel je pense concerne un phénomène que l'on pourrait qualifier de « repli vers un espace plus réduit et plus maîtrisable » venant recouper le « à quoi bon ? ». J'entends de plus en plus souvent émerger un sentiment d'impuissance ou formuler l'idée « qu'étant donné que nous n'avons pas vraiment la capacité d'agir » ou vu que « ceux qui détiennent les ficelles et le pouvoir de changer les choses s'en foutent », autant redescendre à un niveau d'action où l'individu a davantage de prise.

Je pense par exemple au basculement d'engagements citoyens nationaux à un niveau plus local, ou à la volonté croissante de bénévoles d'agir pour apporter des réponses concrètes, et pour le coup immédiatement visibles, aux personnes en difficulté (ce qui est évidemment utile et vertueux) et moins sur les idées ou les transformations sociales.

Sur le terrain, on constate par exemple des difficultés croissantes à trouver des femmes et des hommes pour présider des associations alors même que le bénévolat se porte bien dans notre pays… Autant de réalités qui témoignent d'engagements positifs qui doivent être encouragés mais aussi parfois d'une tendance à laisser de côté ce qui fait sens commun, ce qui fait société.

À un autre niveau, mais qui conduit aussi à fragiliser la réponse aux besoins sociaux, on peut pointer les difficultés que rencontrent certains secteurs pour recruter, quand on n'assiste pas purement et simplement à des départs prématurés ; c'est le cas bien connu de tous depuis la crise sanitaire – mais qui trouve son origine bien avant – des infirmières dans le secteur hospitalier ou de l'Éducation nationale qui peine à recruter des professeurs des écoles. C'est vrai aussi dans les domaines de la petite enfance, de l'action sociale (du côté des éducateurs et éducatrices, des assistantes et assistants sociaux) qui souffrent d'un manque de personnel important[1]. Une réalité inquiétante qui frappe un secteur financièrement affaibli depuis des années et dont les métiers souffrent d'une faible valorisation et de basses rémunérations.

Le risque est aussi d'assister à une sorte de « démission face au mur de l'impuissance ». Un sentiment

1. Une enquête menée en février 2023 dans le secteur privé non lucratif des solidarités et de la santé (handicap, enfance, jeunesse, lutte contre l'exclusion, grand âge, etc.) en Île-de-France donne par exemple à voir un taux de vacance de poste de 6,7 %.

lancinant devenu insupportable à des professionnels qui trop souvent ne peuvent apporter des réponses concrètes à des besoins essentiels et parfois même vitaux. Certains indiquent clairement, comme je l'ai fréquemment entendu dire de la part d'écoutants du 115[1], d'assistantes sociales qui accueillent les personnes en recherche de logement ou d'associations qui accompagnent les femmes victimes de violences (qui doivent impérativement trouver une solution d'hébergement pour quitter leur conjoint violent), « qu'ils n'ont pas fait ça pour ça ». Ils n'ont pas choisi de travailler dans l'accueil des personnes à la rue juste pour leur rappeler qu'il y a plus de deux millions de ménages sur la liste de demandes HLM, qu'il y a des situations encore plus dramatiques que la leur, qu'il va falloir attendre encore plusieurs années pour obtenir un logement social, qu'il n'y a plus de places d'hébergement d'urgence et qu'il faut donc qu'ils dorment ce soir dans la rue mais qu'ils peuvent rappeler demain car, « on ne sait jamais… ».

Plus qu'à une « grande démission » pour reprendre l'expression qui a caractérisé le mouvement massif de départs de salariés après la crise sanitaire dans de nombreux secteurs aux États-Unis, nous assistons de mon point de vue ici à « un grand gâchis », car les besoins sont immenses et que nous perdons des femmes et des hommes qui n'avaient pas choisi ce type de métiers par hasard…

1. Le 115 est un numéro national qui vient en aide aux personnes sans abri ou en grande difficulté sociale.

« Il faut choisir votre camp, monsieur Robert ! »

Je constate chaque jour sur le terrain que ces différentes crises, ces évolutions et ces dures réalités suscitent de profondes incertitudes. Elles nous plongent dans une zone de turbulence et de flottement au sens où nombreux sont ceux qui ne voient plus bien où nous allons ; qui se demandent quelle est leur place dans ce grand chambardement ; de quoi demain sera fait pour eux, pour leurs proches, pour le pays, pour la planète.

Les expressions qui traduisent cet état dans les conversations ou dans les médias sont nombreuses : « risque de basculement », « éco-anxiété », « peur du lendemain », « crainte du déclassement », « fin d'une (belle) époque », « envie de tout plaquer », etc.

D'aucuns témoignent dans le même temps de la montée de l'individualisme dans notre pays ou de l'isolement croissant d'un nombre toujours plus considérable de nos concitoyens. Psychologues et psychiatres sont aussi nombreux à alerter sur le fait qu'une partie importante de notre jeunesse va mal et souffre de troubles psychiques.

Certains, de plus en plus nombreux parmi les acteurs engagés dans la vie publique, résument le contexte politique dans lequel nous nous trouvons par une formule qui fait froid dans le dos : « La question n'est pas de savoir si l'extrême droite va prendre le pouvoir dans notre pays, mais quand va-t-elle le prendre ? »

D'autres s'évertuent à rappeler que la France ne se porte pas si mal que ça. Que l'on a plutôt bien géré la crise Covid ; que les boucliers existants ou qui ont été déployés pour répondre à la crise sanitaire comme à celle de l'énergie sont uniques au monde ; que nous avons toutes les ressources pour rebondir, que les Français « restent les champions du monde du pessimisme[1] »…

Que penser de tout cela ? Que les points de vue dépendent de la situation de ceux qui les soulèvent ? Que les visions diffèrent selon que l'on s'attarde sur le verre à moitié plein ou sur celui à moitié vide ?

Je me souviens d'un jour de janvier 2014 où un haut responsable de l'État tout juste nommé est venu me cueillir au pied de la tribune à l'issue d'une conférence sur la situation des personnes sans abri lors de laquelle j'avais été assez dur avec le gouvernement en place qui venait de prendre des décisions affaiblissant nos protections sociales : « Il faut que vous choisissiez votre camp monsieur Robert ; et il ne faudra pas que vous veniez pleurer le jour où le Front national sera au pouvoir ! »

« Choisir son camp », quelle étrange expression quand il s'agit de personnes contraintes de vivre à la rue, parfois avec des enfants, et ce dans un des pays les plus riches au monde… Devoir endosser une part de « responsabilité du vote FN » simplement parce que l'on défend les personnes les plus pauvres, quelle situation absurde…

Il s'agit bien sûr d'une simple anecdote et j'ai d'ailleurs ensuite entretenu de très bonnes relations avec

1. Comme le révélait déjà une étude effectuée dans 51 pays il y a plus de dix ans, fin 2011, https://www.francetvinfo.fr/economie/tendances/les-francais-restent-les-champions-du-monde-du-pessimisme_42337.html

ce responsable d'administration. Nous avons même partagé la plupart de nos analyses sur la situation du pays. Mais elle me semble terriblement révélatrice du trouble dans lequel nous nous trouvons. Qui est responsable de quoi ? Quelles sont les priorités ? Quelles doivent être les solidarités ? Et surtout, dès lors, que pouvons-nous et devons-nous faire ?

Loin de moi la prétention de trancher ces débats. Pour autant, je suis certain qu'il va nous falloir trouver le plus rapidement possible des réponses qui pourraient significativement changer la donne en commençant par répondre à ces questions : quel est notre dessein commun ? Qu'est-ce qui fait sens collectivement ? Vers où choisissons-nous d'aller ? Quelles sont nos ambitions collectives en matière de protections sociale et écologique ?

Depuis de trop nombreuses années, nous n'avons pas apporté, cherché à apporter ou réussi à apporter des réponses collectives satisfaisantes à des enjeux pourtant essentiels et vitaux : pauvreté, inégalités, discriminations, protection de la planète et de notre avenir sur Terre, sentiment de déclassement, sentiment d'être cantonné en dehors de la société, défaillances croissantes dans les domaines de l'éducation, de la santé, de la justice et de la sécurité, etc.

Et ces réalités traduisent ou provoquent un affaiblissement des dynamiques collectives auquel il est indispensable d'accorder une attention particulière. Le sujet est à mon sens essentiel et urgent dans la mesure où les risques d'épuisement ou de défection des personnes bienveillantes, des militants, des travailleurs sociaux sont bien réels. Dans la mesure aussi où le flottement dans lequel nous nous trouvons aujourd'hui – si l'on considère l'ambition qui doit être la nôtre sur ces différents sujets majeurs – ampute fortement notre capacité collective à agir et à régénérer notre démocratie, laquelle présente, à mon sens, de sérieux signes de fatigue.

L'antagonisme entre ceux qui pensent que nos solidarités, nos protections sociales et notre prise en compte des désordres écologiques sont très insuffisantes et ceux qui estiment que nous ne nous en sortons pas si mal (ou du moins que nos atouts sont nombreux) pourrait être dépassé par une dynamique collective créatrice en ces temps de crise. Car dire que nous résistons bien, que nous protégeons ou agissons « plutôt pas trop mal », renvoie à une pensée qui ne nie pas ces nécessités et témoigne du fait que ces desseins sont bel et bien réels.

À ceci près qu'une telle « réconciliation » supposerait de s'interroger avec courage et sans arrière-pensée sur les curseurs et niveaux d'interventions publiques à déployer, sur les modes de régulation économique nécessaires, sur le bon niveau de répartition des richesses, sur l'ambition que l'on se donne pour sortir des atteintes faites à notre planète et sur les moyens que l'on met en place pour parvenir à répondre à l'ensemble de ces défis.

Cela supposerait de regarder les réalités en face et de sortir des querelles purement idéologiques pour entrer dans une époque de pragmatisme conscient permettant d'apporter ensemble les réponses aux crises sociales, économiques et écologiques qui nous affectent. Cela supposerait enfin de se doter d'un projet commun dont l'ambition serait à la hauteur des enjeux auxquels nous sommes confrontés, lisible par tous, qui embarque le maximum de monde et qui se caractérise par le fait que les efforts à faire soient partagés de façon juste au sein de la société ; car l'émergence et le succès d'un dessein commun tel que celui-ci imposent la mobilisation de ressources financières importantes et peuvent difficilement laisser sur le bord du chemin tout un pan de la population.

Bref, nous voici donc au milieu d'un gué, assaillis par de multiples mutations, tiraillés par les différentes visions des solutions à mettre en œuvre. Un gué peu confortable à pratiquer, c'est le moins que l'on puisse dire, mais un gué d'où pourrait bien resurgir un nouveau projet collectif ambitieux, désirable, qui ne renonce ni à la complexité ni à l'égalité, pour un futur plus juste et plus durable.

Reste toutefois à identifier les conditions qui permettraient son jaillissement de même que les leviers susceptibles d'être (re)mobilisés pour en favoriser l'émergence, mais aussi à diagnostiquer les différents blocages politiques ou idéologiques qui semblent parfois nous condamner à l'immobilité, voire au déclin…

2

Pourquoi les pauvres sont-ils pauvres ? Et de plus en plus pauvres ?

La situation est difficile voire périlleuse sur de nombreux fronts, nous venons de le voir. Raison de plus pour ne pas perdre en lucidité et choisir les bonnes politiques.

Une des difficultés qui me paraît majeure dans cette période incertaine tient au fait qu'une partie des menaces se dressant devant nous touche une large part de la société et parfois même son ensemble. Je pense notamment aux crises écologiques. Cela signifie que les chantiers qu'il nous faut initier pour y répondre, aussi coûteux et indispensables soient-ils, risquent de passer pour partie non négligeable à côté de l'attention et du ciblage qu'impose la lutte contre la pauvreté et les inégalités.

Or ce sont d'abord les plus pauvres qui en subissent ou vont en subir les conséquences les plus importantes. Prenons l'exemple de la flambée des prix de l'énergie dans cette période post-Covid et de guerre en Ukraine. Cette hausse, malgré les boucliers tarifaires et les mesures prises par le gouvernement pour la limiter, a touché tout le monde : ménages pauvres, classes moyennes, riches, PME, associations, multinationales, collectivités locales, administrations, etc. Mais les effets ne sont évidemment pas les mêmes pour tous.

L'augmentation du gaz et de l'électricité a par exemple été de 15 % en 2023 : 15 % supplémentaires, pour une moyenne de dépenses dédiées au chauffage de l'ordre de 1 800 euros par an par foyer en 2022, cela représente une hausse de 270 euros par an. Une augmentation importante mais qui ne met pas en péril un foyer qui dispose de 3 000 ou 4 000 euros par mois. En revanche, une telle hausse pour des ménages modestes, et a fortiori pauvres, a des effets importants : ne plus se chauffer ou moins, avec toutes les conséquences sociales et sanitaires que cela suppose, ou alors continuer à se chauffer mais ne plus s'alimenter ou se soigner convenablement... D'autant que cette hausse vient s'ajouter à d'importantes augmentations qui ont déjà fortement amputé leur budget. Pour ne prendre que la période récente : entre les deuxièmes trimestres 2021 et 2022, les prix de l'énergie pour les ménages avaient déjà augmenté de 28 %.

Pourtant, l'essentiel de la stratégie des pouvoirs publics est bien une réponse uniforme, identique pour tous, riches ou pauvres, vivant dans une passoire thermique impossible à chauffer ou dans l'hôtel particulier le mieux isolé du monde. De la même manière que les mesures de limitation des hausses des prix de carburant prises en 2022 ont été identiques pour tous.

Les ménages aisés qui consomment plus d'énergie (c'est vrai pour le logement et encore plus pour les déplacements) sont clairement ceux qui ont tiré le plus grand bénéfice du bouclier tarifaire alors même que les plus pauvres, qui comptent chaque dizaine d'euros, subissent avec beaucoup d'inquiétude ces hausses répétées.

Il est certes parfois difficile techniquement de prendre des mesures ciblées. Mais je cite ici cet exemple récent parmi d'autres pour donner à voir à quel point même lorsqu'il est question d'agir pour répondre à des crises, on n'adopte pas toujours, tant s'en faut, de justes mesures au sens où l'effort collectif permettrait aux plus pauvres, aux modestes et aux classes moyennes inférieures de vivre mieux.

Pour ne citer que le plafonnement des prix du gaz et de l'électricité décidé par le gouvernement pour faire face à l'envolée des prix de l'énergie, cette mesure, précisément parce qu'elle est indifférenciée, a un coût astronomique, de l'ordre de 45 milliards d'euros sur le budget de l'État en 2023[1] : 45 milliards après avoir déboursé 24 milliards en 2022[2] pour le bouclier tarifaire (qui a gelé les tarifs du gaz et de l'électricité à leur niveau d'octobre 2021 et limité la hausse du prix à 4 %) et pour la remise sur le litre de carburant.

Vingt-quatre milliards en 2022, 45 milliards en 2023, injectés sans ciblage social quand le coût du revenu de solidarité active (RSA), dernier bouclier pour ceux qui n'ont plus rien, représente de l'ordre de 10 milliards

---

1. Le coût « net » serait de 29 milliards si l'on retranche les recettes supplémentaires pour l'État français. Xavier Ragot, « Budget 2023 et bouclier tarifaire : une évolution artistique », Blog de l'OFCE, 30 septembre 2022.

2. Si l'on se limite au coût « net » qui retranche les recettes supplémentaires pour l'État français.

d'euros par an et n'a augmenté que de 4 % en 2022[1] et de 1,6 % en 2023, c'est-à-dire à un niveau inférieur à l'inflation.

Parfois, on assiste à des mesures plus ciblées mais qui ne manquent pas non plus de surprendre. Fin 2021, une indemnité inflation de 100 euros a été versée à toutes les personnes gagnant moins de 2 000 euros par mois, soit 38 millions de personnes et ce pour un total de 3,8 milliards d'euros. J'ai croisé de nombreuses personnes très étonnées d'en avoir bénéficié notamment parce qu'elles vivent dans de bonnes conditions. Étonnées avant de comprendre que le critère pour en bénéficier se limitait au fait d'avoir un salaire de moins de 2 000 euros mais sans tenir compte des ressources globales du foyer. De sorte qu'une personne qui gagne 1 900 euros par mois dont la conjointe ou le conjoint gagne 5 000 euros ou plus en a bénéficié.

Pourquoi ne pas resserrer la cible afin de soutenir davantage avec la même somme globale ceux qui ne s'en sortent pas ? Pour des raisons électorales ? Pour éviter d'encourager ce que d'aucuns qualifient « d'assistanat » ?

Pour revenir aux mesures concernant l'énergie, une politique plus juste du point de vue social et écologique aurait pu passer par un effort budgétaire mieux ciblé socialement. Et cela, même si les pistes pour y parvenir entraînent parfois de la complexité : en instaurant par exemple une tarification progressive de l'énergie qui

1. Comme pour les pensions de retraite, tandis que les aides personnelles au logement (APL) ont fait l'objet d'une hausse plus limitée encore de 3,5 %.

ferait que les premiers volumes d'énergie consommés (ceux qui répondent aux besoins de première nécessité) soient facturés moins chers.

En tout état de cause, en cette période de forte hausse des prix, le chèque énergie qui est attribué chaque année aux ménages à bas revenus (avec des montants variant de 48 à 277 euros selon leurs ressources) aurait pu a minima faire l'objet d'une forte augmentation pour permettre à ces personnes de passer ce cap difficile et de vivre dans de meilleures conditions.

Les souffrances silencieuses s'accumulent...

De telles mesures seraient d'autant plus nécessaires que différents signaux récents sont très préoccupants : 26 % des ménages déclarent avoir souffert du froid chez eux en 2023 (contre 14 % en 2019) à cause d'autorestrictions ou d'une mauvaise isolation de leur logement. Par ailleurs, les interventions des fournisseurs d'énergie suite à des impayés de facture ont fortement augmenté : + 42 % entre 2020 et 2021[1]. Ces interventions donnent lieu à des réductions de puissance imposées ou pire, à une pratique d'un autre âge qui consiste à purement et simplement couper l'accès à l'énergie : la famille se retrouve alors du jour au lendemain dans le

1. Cette augmentation (785 096 interventions en 2021 contre 551 721 en 2020) est notamment due au rattrapage des interventions qui n'avaient pas eu lieu en 2020 du fait de la prolongation de la trêve hivernale en contexte de crise sanitaire. Mais la tendance à l'augmentation précède la crise sanitaire : en 2019, le nombre d'impayés d'énergie avait progressé de 17 % en un an.

noir ; les enfants sont obligés de faire leur devoir à la lampe de poche ou à la bougie ; le frigo et le congélateur ne fonctionnent plus et il est impossible de charger son téléphone ou son ordinateur…

Face à cette réalité, nous plaidons depuis plusieurs années à la Fondation Abbé Pierre pour une abolition des coupures d'électricité en proposant de les remplacer par des réductions de puissance de manière à ce que les ménages puissent bénéficier d'une puissance minimale permettant de faire fonctionner la lumière, un frigo pour conserver les aliments, une télévision, de recharger un téléphone ou un ordinateur… Une mesure de bon sens, de dignité et de modernité qui rejoindrait une avancée obtenue par la loi en 2013 lorsque la France a interdit les coupures d'eau.

En octobre 2021, en réponse à une campagne de la Fondation, le fournisseur EDF s'est engagé à abolir les coupures d'électricité pour les ménages ayant des impayés et à les remplacer par des réductions de puissance. De nombreux parlementaires ont par ailleurs soutenu cette idée dans le projet de loi « portant mesures d'urgence pour le pouvoir d'achat » discuté à l'été 2022, et le Sénat l'a même votée, avant que le gouvernement s'y oppose et fasse retirer du texte cette avancée sociale[1]. Une décision bien regrettable dans la mesure où l'inscription de cette interdiction dans la loi permettrait de ne plus dépendre de la bonne volonté des

1. À la place, il faudra se contenter d'un sursis avant la coupure, sous forme de réduction de puissance dont la durée doit encore être définie par décret et pourrait être d'environ deux mois.

fournisseurs d'énergie et de faire en sorte que cette mesure s'applique à tous de manière permanente.

Ces dures réalités pour les personnes et familles à faibles ressources pourraient bien encore s'aggraver dans les prochaines années avec la flambée des prix de l'énergie… D'autant que cette hausse intervient dans un contexte où l'inflation fait son retour (+ 5,2 % en 2022, + 4 % en octobre 2023) après plus de trente ans de relative stabilisation. Et qu'en plus de la forte hausse des dépenses dédiées au chauffage ou aux déplacements, les prix alimentaires ont de leur côté augmenté de 20 % en deux ans. Là encore, les impacts sont bien différents selon les ressources dont on dispose : pour les plus pauvres et modestes dont les budgets étaient déjà « tendus », voire impossibles à équilibrer entre des dépenses toutes nécessaires, ça ne passe plus.

Au point de devoir faire appel à l'aide extérieure comme en témoigne la hausse des demandes de distribution alimentaire via des associations qui ont vu leur fréquentation augmenter de plus de 10 % en 2022 et pour certaines de plus de 20 % en 2023, comme cela a été le cas pour les Restos du Cœur qui ont lancé un cri d'alarme retentissant en septembre 2023.

Ça ne passe plus parce que cette inflation-là frappe des produits essentiels dont il est impossible de se passer. Venant ainsi accélérer très fortement une dynamique enclenchée depuis plusieurs années, comme en témoignent les banques alimentaires qui ont vu tripler en dix ans le nombre de personnes qui les sollicitent pour des repas gratuits ou à très faibles coûts.

Ça ne passe pas… sachant que pour certains ça ne passait déjà plus avant ces hausses. Voilà de sérieux motifs de déstabilisation et d'anxiété pour une part non négligeable de la population. Ceux auprès desquels je mesure régulièrement les fragilités en découvrant leurs bien maigres ressources lors des demandes d'aides qui sont adressées à la Fondation Abbé Pierre et que nous tentons de soutenir au mieux. Ceux que nous cherchons à rendre visibles aux yeux de nos décideurs publics pour que leurs fragilités et difficultés soient mieux prises en compte ; avec souvent trop peu de résultats satisfaisants tant, en retour, il nous est renvoyé des analyses globales, macroéconomiques, qui montreraient que « c'est plus compliqué que ça », « que les tendances donnent à voir une autre réalité », que « déjà beaucoup a été fait »...

Et pendant ce temps-là, les souffrances silencieuses s'accumulent, les peurs s'intensifient, les colères se cristallisent. D'où l'importance de mesurer et faire connaître ces réalités. De bien connaître l'état de la pauvreté dans notre pays pour comprendre ce que vivent nos concitoyens les plus fragiles.

Connaître pour ne pas faire comme si cela n'existait pas. Connaître pour voir comment les choses évoluent. Pour voir ce que cela signifie concrètement pour ceux qui les subissent. Connaître pour tenter de faire changer les choses. Voilà une première dimension, un préalable qui me paraît essentiel pour espérer un meilleur développement de notre société.

Mais qui donc est pauvre et qui ne l'est pas ?

Le premier indicateur qui me vient à l'esprit et qui est le plus souvent utilisé est le taux de pauvreté monétaire. Il détermine le nombre de personnes qui vivent en dessous d'un certain seuil de revenus défini chaque année : en dessous de 1 158 euros mensuels pour une personne seule en 2021. On peut donc établir que la France comptait 9,1 millions de pauvres en 2021 soit 14,5 % de la population selon l'Insee (un chiffre en hausse de 0,9 point par rapport à 2020). À cette réalité, il faut ajouter que, toujours selon l'Insee, 1,6 million de personnes pauvres échappent aux statistiques parce qu'elles sont sans domicile, parce qu'elles vivent dans les départements d'outre-mer, parce qu'elles sont hébergées en collectivités (maison de retraite, foyers, etc.) et ne sont pas à ces différents titres comptabilisées[1]. Notre pays compterait donc plus de 10 millions de pauvres sur un total de 68 millions d'habitants.

Sur le long terme, après avoir baissé significativement à partir du début des années 1970, notamment grâce à l'amélioration de la situation des personnes retraitées, le taux de pauvreté s'est ensuite arrêté de décroître au milieu des années 1980. Subissant l'effet du chômage, le taux est ensuite reparti à la hausse pendant une dizaine d'années (jusqu'en 1996) avant de se stabiliser, bon an, mal an dans les décennies qui ont suivi, avec toutefois quelques pics (notamment en 2011 avec l'effet de la crise économique et en 2018, en raison de la baisse des allocations logement). Au final, ce que l'on peut retenir c'est que le taux de pauvreté tend à ne plus baisser depuis une vingtaine d'années et qu'il a retrouvé son niveau de 1979.

En examinant cette fois les revenus des ménages les plus modestes, le constat est celui de leur stagnation

---

1. Données publiées dans *Revenus et patrimoine des ménages*, Insee Références, Insee, mai 2021.

au cours des vingt dernières années. Selon l'Observatoire des inégalités, les 5 % les plus pauvres gagnent 785 euros, le même niveau qu'en 2007. Entre 2002 et 2019, ils ont même perdu 10 euros mensuels en euros constants, c'est-à-dire après inflation. La part des revenus que touchent les 10 % les plus pauvres tend par ailleurs à s'amenuiser : entre 2002 et 2019, ils ont reçu 2 % de la croissance des revenus annuels des ménages, tandis que les plus riches en ont perçu 25 %.

Si le taux de pauvreté est utile pour comparer les pays et suivre les évolutions dans le temps, il ne dit finalement pas grand-chose de la situation réelle des personnes dans la mesure où il s'agit d'un indicateur relatif (il détermine le nombre de personnes qui ont moins de tel montant de ressources par rapport aux ressources de l'ensemble des ménages). Pas grand-chose non plus parce que disposer de 1 158 euros par mois lorsque l'on vit seul (le seuil de pauvreté en 2021) en payant un loyer de 700 euros ou en ne payant aucun loyer (parce qu'un membre de sa famille vous loue à titre gratuit un logement dont il est propriétaire par exemple), ne renvoie évidemment pas du tout aux mêmes conditions de vie. Il est donc nécessaire d'affiner l'analyse au-delà du seul taux de pauvreté pour mieux apprécier la situation.

L'Insee publie une autre statistique qui montre qu'en 2019, 13 % de la population était en « situation de privation matérielle et sociale » (14 % en 2022 [1]). Ces personnes ne peuvent pas, pour des raisons financières,

1. La méthode d'enquête ayant évolué, il est difficile de mesurer l'évolution dans le temps.

couvrir les dépenses d'au moins cinq éléments de la vie courante sur une liste de treize (ne pas pouvoir maintenir son logement à bonne température, ne pas pouvoir avoir un repas contenant des protéines au moins tous les deux jours, avoir des impayés de mensualités d'emprunts, de loyer ou de factures d'électricité, d'eau ou de gaz, etc.). Si cette statistique permet d'affiner la connaissance des difficultés que rencontrent les ménages, la combinaison de ces deux critères (pauvreté monétaire et en conditions de vie) est encore plus à même de traduire la réalité de la pauvreté. Car s'il n'y a pas de recoupement complet entre ces deux indicateurs et qu'il n'est donc pas possible de les cumuler[1], l'analyse plus fine indique qu'un Français sur cinq est touché par l'une ou l'autre de ces réalités[2].

Un Français sur cinq souffre donc de la pauvreté. Une photographie qui me semble plus proche de ce que vivent beaucoup de nos concitoyens, y compris ceux qui, sans être considérés comme pauvres parce que leurs ressources ne les situent pas, d'un point de vue purement statistique, en dessous du seuil de

1. Ces deux approches de la pauvreté se complètent et ne se recouvrent que partiellement : 42 % des personnes à risque de pauvreté monétaire sont touchées par la privation matérielle et sociale et 44 % de celles en situation de privation matérielle et sociale sont à risque de pauvreté monétaire.

2. Dans l'enquête SRCV 2019, qui porte sur les revenus de 2018, 13,6 % de la population est pauvre monétairement, 13,1 % l'est au sens de la privation matérielle et sociale et 5,7 % cumule les deux : 21 % de la population est pauvre au sens d'au moins un de ces deux critères, https://www.insee.fr/fr/statistiques/5417786

pauvreté, se vivent pauvres. Mais là encore, ces indicateurs ne sont pas suffisants pour traduire les réalités vécues par beaucoup et les inquiétudes qui minent leur quotidien.

Ne pas être pauvre mais avoir intimement le sentiment de l'être

Pourquoi ? Parce que ces indicateurs, aussi utiles soient-ils, passent à côté de difficultés vécues par des personnes qui, sans être misérables ou pauvres, ne vivent pas bien. Certes, elles peuvent manger à leur faim, se soigner convenablement, se chauffer à peu près dans de bonnes conditions, mais elles veillent attentivement aux euros dépensés. Certes, leur budget mensuel en « rythme de croisière » passe sur le papier au regard de leurs entrées et sorties habituelles, mais toute dépense imprévue vient rompre un équilibre difficile à maintenir. Le jour où il faut faire intervenir un plombier parce qu'une fuite s'est déclarée, le jour où il faut réparer sa voiture et sortir 300, 500, 700 euros, l'équilibre est rompu. Et c'est la peur au ventre que l'on espère qu'une autre dépense incontournable et imprévue ne se manifestera pas dans les mois à venir.

Une autre réalité qui tend à insécuriser une part importante de la population tient à l'augmentation des dépenses contraintes. Là encore, il n'est pas question de pauvreté au sens propre du terme. Mais un sentiment de ne pas avoir de marge de manœuvre et en conséquence de ne pas pouvoir vivre convenablement. La part des dépenses contraintes pèse de plus en plus dans les revenus des ménages français : elle est passée de 12 % dans les années 1960 à 29 % en 2019[1]. Ces dépenses contraintes comprennent les dépenses liées au logement (loyer, charges, etc.), les assurances, les dépenses de télécommunications et télévision (redevance, abonnements à des chaînes payantes), ainsi que les frais de cantine scolaire. En sachant que c'est clairement les dépenses de logement qui touchent le plus le pouvoir d'achat : leur part est passée de 9 % à 23 % du budget des ménages, du fait de la hausse des loyers mais aussi du prix de l'électricité, du gaz et de l'ensemble des autres charges liées à l'habitation.

Ces dépenses contraintes ou pré-engagées font que dès les premiers jours du mois, on voit partir une bonne partie de ses ressources, ne laissant que peu de place aux autres dépenses ou à la fantaisie. Elles ont pour effet de limiter sensiblement les marges de manœuvre et la part arbitrable des ménages, contribuant ainsi à accroître le sentiment d'insécurité face à l'inconnu et aux imprévus de la vie. D'autant que si l'on ajoute à ces dépenses pré-engagées au sens de l'Insee les autres dépenses de première nécessité (se nourrir, se soigner, se déplacer), l'équation se complique encore et laisse peu de place pour répondre aux autres besoins : équipement de la maison, habillement, loisirs, etc.

J'ai régulièrement pu mesurer à quel point cette réalité est puissante et à l'origine d'incompréhension, voire de colère au sein de la société. Incompréhension par exemple quand, depuis des années et jusqu'en 2022 avec le retour de l'inflation, les communications

1. « Des dépenses contraintes par le poids du logement », Centre d'observation de la société, janvier 2021.

officielles de la statistique publique ou des gouvernements affirmaient que le pouvoir d'achat des ménages augmentait. Non pas parce que ces chiffres étaient faux, mais parce que précisément beaucoup ne pouvaient se permettre le moindre écart, effectuer une dépense « plaisir » ou partir en vacances (environ 40 % des ménages ne partent pas en vacances, sachant que près de la moitié d'entre eux ne le peuvent pour des raisons financières).

Colère parfois, comme pendant la période de mobilisation des Gilets jaunes où j'ai participé à plusieurs débats publics. Je me souviens notamment d'une émission sur France 2 en février 2019 (« L'Émission politique ») où étaient présents des représentants du gouvernement, des responsables politiques et des personnes venues témoigner de leurs difficultés à finir les fins de mois. Sur le plateau, l'incompréhension dominait souvent : « Mais vous, vous n'êtes pas pauvre. — Mais je vous dis que je n'arrive pas à joindre les deux bouts. — Oui mais c'est pas ça être pauvre. — Mais je ne peux rien m'acheter. — Oui mais vous avez de quoi vous nourrir, vous soigner, vous loger… » Bref, réalité bien différente selon que l'on se place d'un point de vue macro (« le pouvoir d'achat augmente », « vos ressources ne vous situent pas en dessous du seuil de pauvreté ») ou de celui du vécu des personnes (« une fois mes factures payées je n'ai plus grand-chose pour vivre », « je ne peux même pas payer un cinéma à mes enfants », « j'économise toute l'année pour pouvoir faire mes cadeaux de Noël », « j'ai peur de ne pas pouvoir payer mon loyer dans les mois à venir »).

Sans compter que là encore, l'effet macroéconomique efface bien des différences. J'indiquais il y a quelques paragraphes que 29 % de dépenses sont contraintes, auxquelles il faut ajouter les dépenses d'alimentation, de soin, de transport… Mais il s'agit là d'une moyenne qui intègre les ultra-riches, les personnes aisées, les classes moyennes supérieures. Or la hausse des dépenses contraintes n'a pas du tout le même effet selon les niveaux de vie et est d'autant plus pénalisante que les revenus des ménages sont faibles[1]. Pour ceux qui ont de petites ressources, la part du budget contraint, notamment celle liée au logement, est bien plus élevée et pour certains, ce qui reste à la fin du mois est proche de zéro ou pire encore, ne permet pas d'honorer certaines dépenses essentielles, provoquant de premières factures impayées, avec tous les risques que cela suppose en termes de coupures d'énergie, de perte du logement, etc.

Cette angoissante peur du « basculement »

On m'interroge souvent sur le risque de « basculement » dans la précarité d'une frange de la population que l'on croyait plutôt à l'abri. Sur les plateaux de télévision, dans les studios de radio comme dans les débats en tribunes ou les discussions du quotidien, la question revient en boucle : « Est-ce que la flambée des prix des logements ne va pas faire sombrer dans la misère tout un tas de gens ? » ; « Pouvez-vous nous dire combien de personnes ont basculé depuis la crise Covid ? » ; « Avec un tel niveau d'inflation vous allez avoir du boulot, un

1. « Dépenses pré-engagées : quel poids dans le budget des ménages ? », *Les Dossiers de la DREES*, mars 2018.

paquet de monde risque de frapper aux portes des associations ! »…

La question des « nouveaux pauvres » en fin de compte.

Je comprends évidemment bien l'enjeu que recouvrent ces questionnements et il est essentiel de tout faire pour éviter que de nouvelles personnes ne sombrent dans la précarité. Mais je suis souvent mal à l'aise parce que cela conduit aussi à passer un peu vite sur ceux qui sont déjà en souffrance, parfois depuis bien longtemps. Ceux qui s'enfoncent un peu plus chaque jour dans un silence préoccupant. Je comprends très bien le fait que le « jeu médiatique » demande qu'il y ait du nouveau, de « l'information fraîche » qui puisse susciter l'intérêt du public, mais la question des conditions de vie des personnes pauvres et mal-logées et du soutien que l'on est disposé à leur apporter ne peut et ne doit en aucun cas être écartée.

Cette récurrence du thème du risque de basculement traduit aussi une crainte perceptible chez une part grandissante de la société : la peur du déclassement. Aussi, le besoin de savoir si on ne serait pas soi-même, du fait de l'équilibre relatif de sa situation, menacé à court ou moyen terme.

J'ai rencontré à de nombreuses reprises des personnes qui m'ont fait part de leur situation précaire et m'ont confié que ce que je venais d'aborder dans le cadre d'une conférence ou d'une interview entrait en résonance avec leur propre situation (je pense par exemple à des preneurs de son ou des pigistes). Des interlocuteurs soucieux de comprendre ce qui fait que l'on risque ou pas de se trouver un jour en situation de précarité. Ce constat recoupe des études ou sondages qui ont montré qu'une part importante de la population (parfois près de 60 %) a peur de se retrouver un jour sans domicile fixe ou que cela touche un proche.

Des craintes qui en disent long sur le sentiment de vulnérabilité que peut provoquer la faiblesse des ressources financières. Même s'il faut rappeler que le fait de se retrouver sans abri est dans de nombreux cas la conséquence de difficultés importantes, qui parfois se cumulent : troubles psychiques profonds, addictions, personnes accueillies à l'aide sociale à l'enfance et pas assez accompagnées lors de leur passage à l'âge adulte, sortants de prison sans solution de logement, personnes sans titre de séjour, demandeurs d'asile qui ne trouvent pas de place en centre d'accueil, etc.

Un constat qui n'enlève rien aux vécus dramatiques des personnes sans abri sur lesquelles nous reviendrons dans le chapitre suivant[1], mais qui me conduit à rappeler une dimension essentielle dans les processus susceptibles de conduire ou non à de réels basculements dans l'extrême précarité : l'importance de la solidarité familiale ou plus exactement de la possibilité de faire appel ou non à un réseau de solidarité de proximité. Et cette différence doit nous éclairer quant aux choix à faire en matière de protection sociale. Car c'est précisément quand cette solidarité de proximité fait défaut que les risques de basculement sont les plus importants et que la solidarité nationale doit prendre le relais. Il faut donc à tout prix éviter de renvoyer à la seule sphère privée la

1. Chapitre 3 : Mal-logement : la mère de toutes les batailles.

responsabilité de ces solidarités et consolider notre protection sociale, en la rendant plus performante et plus en phase avec les nouvelles réalités de notre société aujourd'hui.

Au-delà des personnes qui vivent dans la précarité, de celles qui sans être pauvres ont peu de marges de manœuvre ou ont peur de basculer, on peut ajouter celles qui se sentent (mises) à l'écart de la société. Je pense notamment à une partie des habitants des quartiers populaires. Sans être nécessairement en situation de grande précarité ou mal-logés au sens propre du terme (même si un nombre important de leurs habitants vivent dans des copropriétés très dégradées), nombreux sont ceux à souffrir du fait que leur quartier vit en marge du territoire dans lequel il s'inscrit. Avec parfois la désagréable sensation d'être regroupés et isolés dans un espace contraint duquel il est difficile de sortir, bref d'être « assignés à résidence ». Des quartiers dont les habitants ressentent fortement les discriminations, voient la promesse républicaine quotidiennement mise à mal et ont parfois subi douloureusement le « délit d'adresse » que la loi reconnaît depuis 2014 au titre de discriminations liées au lieu de résidence.

Des « mises à l'écart », des ressentiments qui peuvent aussi se manifester dans d'autres territoires ; je pense par exemple à des territoires ruraux, à une partie des petites et moyennes villes qui se trouvent loin des équipements et services publics (dont on constate progressivement la réduction de voilure), dans des « zones blanches » en termes de téléphonie, loin de la première maternité, du premier hôpital, parfois même du premier médecin…

Peurs, frustrations et incompréhensions

Cette rapide photographie de la pauvreté et des fragilités dans notre pays donne à voir l'étendue des mauvaises conditions de vie, mais aussi des peurs, des frustrations, des incompréhensions qu'elles suscitent. La période récente n'est pas de nature à rassurer car on mesure déjà que, d'une crise à l'autre, celles et ceux qui ont été les plus affectés par la crise sanitaire risquent de se retrouver à nouveau en première ligne avec la crise énergétique et la montée des prix.

Je pense à ceux qui dans le cadre de la crise du Covid ont dû continuer à travailler pour assurer le fonctionnement des services et fournir les biens de première nécessité à la population. Ceux qui ont vu disparaître avec les périodes de confinement une partie de leurs revenus (des pourboires à la rémunération des heures supplémentaires en passant par les travailleurs de l'économie informelle qui par définition n'ont pas été « couverts » par les aides publiques déployées pendant la pandémie). Ceux qui ont dû vivre ces périodes dans des logements de faible qualité ou exigus et notamment les habitants des quartiers populaires[1]… L'allongement spectaculaire des files d'attente dans les centres de distribution alimentaire montre que pour beaucoup la situation s'est fortement dégradée : étudiants, jeunes précaires, femmes seules avec enfants, étrangers, etc.

1. On recense 14 % des ménages vivant dans les quartiers prioritaires de la politique de la ville métropolitains en situation de suroccupation (contre 4,8 % dans les autres quartiers des unités urbaines environnantes) et les logements y comportent plus de défauts graves de confort.

L'envolée des prix de l'énergie et de l'alimentation continue clairement à pénaliser les mêmes. Comme le montre l'Institut des politiques publiques, le choc énergétique touche par exemple plus fortement les ménages à faibles revenus, en raison du poids plus important des dépenses d'énergie dans leur budget[1]. Les premiers à souffrir sont les plus pauvres, qui n'ont pas d'épargne dans laquelle puiser pour y faire face, mais aussi les salariés modestes et précaires ainsi que les classes moyennes inférieures. Moins bien logées, on les retrouve par exemple massivement dans les 5,2 millions de logements-passoires énergétiques qui deviennent également de véritables bouilloires thermiques lors des fortes chaleurs estivales.

Cette réalité conjoncturelle s'inscrit dans une histoire plus longue du creusement des inégalités et des fragilités que subissent un nombre croissant de personnes[2]. Dans un contexte nouveau de transition écologique incontournable, elle appelle à la plus grande prudence et à une détermination sans faille pour que les chantiers qui s'ouvrent devant nous (fiscalité écologique, ZFE-m, zéro artificialisation nette (ZAN), obligation de rénovation thermique des logements, interdiction des voitures thermiques, etc.) soient à tout prix conduits en protégeant simultanément les plus fragiles. Sans quoi le risque est grand de conduire à davantage de pauvreté, d'exclusion, de fragilités et de mises à l'écart.

1. En 2022, la flambée des prix de l'énergie a pesé à hauteur de 5,8 % sur le niveau de vie des 20 % de Français les plus modestes, contre seulement 3,1 % pour les 20 % les plus aisés.

2. Voir le chapitre 4 : Creusement des inégalités. Plus ça va, moins ça va !

Une absolue nécessité qui imposera par ailleurs de partager davantage les richesses ; car la transition écologique va nous obliger à mobiliser des moyens financiers colossaux qui doivent reposer sur une juste répartition des efforts au regard des capacités de chacun et sur la prise en compte des impacts provoqués par les désordres écologiques, lesquels varient fortement selon les niveaux de vie.

3

Mal-logement, la mère de toutes les batailles

Le logement, la mère de toutes les batailles ? Voilà qui peut vous paraître étrange tant les questions liées à l'emploi, la santé, l'éducation, l'écologie, l'économie sont déterminantes. Tant également ce thème est sous-estimé et sous-traité médiatiquement.

Pourtant, plusieurs raisons me conduisent à affirmer cela et depuis de longues années.

D'abord parce que tout le monde a besoin d'un logement, ou à tout le moins d'un habitat. Que l'on vive en milieu urbain ou rural, que l'on soit riche ou pauvre, que l'on vive seul ou en famille nombreuse, nous avons tous besoin d'un toit au-dessus de la tête.

Ensuite parce que le logement est devenu progressivement le premier poste de dépenses des ménages, devant l'alimentation et les transports, pour atteindre 28,5 % de leur consommation totale (loyers, dépenses d'énergie, d'eau, d'entretien courant, assurances, etc.)[1]. Sachant qu'il s'agit là d'une moyenne mais que pour beaucoup ce taux peut atteindre 40, 50, voire 60 %. Qui

1. https://www.insee.fr/fr/statistiques/5432495 ?sommaire=5435421

dit premier poste de dépenses des ménages, dit premier sujet de préoccupation, du moins pour ceux qui ont de faibles ou moyennes ressources.

Mère de toutes les batailles également parce que malgré ces réalités, le logement est rarement au cœur de l'action publique, et même des prises de parole lors des campagnes électorales, des allocutions des présidents de la République ou des Premiers ministres, des débats médiatiques.

Un constat qui tient notamment au fait que le sujet soit relativement difficile à appréhender d'un point de vue technique, qu'il nécessite l'intervention d'une grande diversité d'acteurs (l'État, les collectivités, les constructeurs, les banques, les particuliers, etc.), que le temps incompressible pour obtenir les résultats des décisions politiques dans ce domaine est bien souvent plus long que le temps des mandats électoraux, que le logement « ça coûte cher » à produire ou à rénover… Des raisons justes mais qui ne sauraient justifier sa bien trop faible prise en compte tant son rôle est déterminant dans la vie de chacun.

Mauvaises conditions de logement, mauvaises conditions d'habitat

J'ai pu mesurer tout au long de mon parcours professionnel le poids parfois écrasant de cette question du logement dans les préoccupations de nos concitoyens les plus modestes. À la Fondation Abbé Pierre évidemment, depuis que j'y suis entré pour créer le « service études » en 2004. Mais également dans le cadre de mes activités antérieures, à l'université ou au sein du cabinet d'études où j'ai travaillé pendant une dizaine d'années.

La question du logement et de l'habitat revenait sans cesse. Déjà au travers de mes travaux de recherche universitaires en sociologie sur les Français qualifiés administrativement (mais improprement parce que certains sont sédentaires) dans notre pays de « gens du voyage »[1].

Je pense aussi aux nombreuses enquêtes que j'ai réalisées dans des quartiers populaires lorsque je travaillais dans le bureau d'études, lesquelles m'ont donné à voir à quel point l'habitat ne se limitait pas à la question du logement. Vivre dans un logement relativement adapté d'un point de vue technique (taille, confort, etc.) ne suffit pas à envisager un développement social satisfaisant tant d'autres facteurs sont déterminants : la mixité ou plutôt la faible diversité sociale dans le quartier qui conduit à une concentration dans un même espace urbain de nombreuses personnes en situation de fragilité ou de pauvreté, les problèmes d'insécurité, les difficultés d'accès aux transports, aux équipements et services publics, la qualité de l'offre scolaire et de soins, les ascenseurs en panne, les ordures ramassées moins fréquemment que dans les autres quartiers de la ville, etc.

Je pense aussi aux travaux d'études ou aux formations que j'ai pu mener sur les discriminations liées à l'origine réelle ou supposée dans les années 2004-2006,

1. Des travaux de recherche qui m'ont conduit à réaliser une thèse de sociologie qui sera soutenue en 2006 puis publiée l'année suivante : *« Éternels étrangers de l'intérieur », les gens du voyage en France* (Desclée de Brouwer, 2007).

alors que le sujet était peu présent sur la scène institutionnelle en France par rapport à bien d'autres pays européens, lesquels donnaient largement à voir les difficultés accrues d'accès au logement de tout un pan de la population, parfois uniquement du fait de leur couleur de peau. Sans oublier les études menées sur l'hébergement chez des tiers (famille, amis) de personnes qui ne trouvaient pas de quoi se loger après une séparation conjugale, une expulsion de leur logement, une perte d'emploi ou une mutation professionnelle, qui m'ont éclairé sur le rôle majeur d'amortisseur de crise de cette solidarité de proximité quand les solutions sur le marché ou les réponses institutionnelles font défaut. Mais aussi sur la manière dont cela participe à l'invisibilisation des besoins puisque ces personnes sont alors bien souvent considérées comme « ayant une solution » et ce malgré les difficultés que cela pose au quotidien pour les personnes hébergées comme pour celles qui les accueillent.

Habiter chez un tiers, qui vous accueille par solidarité, conduit bien souvent à se faire le plus discret possible : manger dehors (ce qui au passage coûte cher et permet difficilement le maintien de repas équilibrés), attendre que la télévision soit éteinte et le salon libéré pour ouvrir le canapé-lit ou poser un matelas au sol. Un amortisseur de crise peu connu et pourtant quantitativement très important puisque l'on compte plus de 600 000 personnes en hébergement « contraint » chez des tiers.

Je pense enfin aux formations que j'ai pu dispenser auprès des travailleurs sociaux qui avaient en charge d'accompagner les personnes bénéficiaires du revenu minimum d'insertion (le RMI créé en 1988 qui sera remplacé vingt ans plus tard par le RSA) et qui mesuraient bien au quotidien à quel point l'absence de logement ou les mauvaises conditions d'habitat avaient un impact déterminant sur les chances de réinsertion et sur la vie de tous les jours.

Bref, le logement – et donc cette lutte contre le mal-logement – s'est peu à peu imposé à mes yeux comme un combat essentiel et vital. Un combat difficile mais primordial. Comme un enjeu déterminant aussi parce que le logement recouvre bien d'autres dimensions que la seule question d'avoir un toit au-dessus de sa tête. Le logement est l'espace qui permet de se reposer, de s'isoler et de s'extraire du monde extérieur ; le lieu au sein duquel le couple, les enfants se retrouvent, la famille s'agrandit ; celui qui permet d'accueillir ses proches, la famille élargie, ses amis et d'entretenir sa vie sociale… Par opposition, l'absence de logement ou de mauvaises conditions d'habitat ont des répercussions très dures sur une multitude de facettes de la vie quotidienne.

Deux fois plus de personnes sans domicile fixe depuis dix ans

Le fait de vivre sans abri constitue évidemment la situation la plus violente sachant que les conditions de vie à la rue sont par définition extrêmement difficiles : problèmes d'hygiène, de froid, de chaleur, de promiscuité, de carences nutritionnelles, d'estime de soi, de violences… L'Étude nationale maraudes menée en janvier 2021 [1] a montré que 42 % des personnes sans

1. Étude menée par la Fédération nationale des Samu sociaux et la Fédération des acteurs de la solidarité.

domicile étaient en mauvaise santé, voire en très mauvaise santé pour 16 % d'entre elles. Près de la moitié des personnes en mauvaise santé présentaient des problèmes psychiques et 56 % une problématique d'addiction ; des réalités particulièrement marquées chez les jeunes.

Chaque année, le collectif Les Morts de la rue rappelle qu'en moyenne, en France, près de deux personnes décèdent chaque jour des conséquences de la vie sans domicile, à la rue ou en hébergement. Au cours de l'année 2022, 624 décès ont ainsi été signalés par l'association. Ces décès ont concerné très majoritairement des hommes (87 %), âgés en moyenne de 49 ans, soit trente ans plus tôt que l'âge moyen du décès de la population générale. Des réalités qui font froid dans le dos.

D'autant que la situation se dégrade au fil des décennies : notre pays compte aujourd'hui plus de 300 000 personnes « sans domicile fixe » (parmi lesquels entre 27 000 et 40 000 personnes sans abri), c'est-à-dire des personnes qui vivent dans la rue, dans des bois, des bidonvilles, en hébergement d'urgence ou d'insertion (dans les dispositifs généralistes ou ceux liés à la demande d'asile). Dans l'attente d'une nouvelle enquête annoncée par l'Insee sur le sujet, cette estimation, établie par la Fondation Abbé Pierre (et qui recoupe celle de la Cour des comptes [1]), est très préoccupante dans la mesure où elle signifie que le nombre de personnes sans domicile a plus que doublé par rapport à la dernière enquête de l'Insee datant de

1. Cour des comptes, « L'hébergement et le logement des personnes sans domicile pendant la crise sanitaire du printemps 2020 », novembre 2020.

2012, et triplé par rapport à celle de 2001. La grande exclusion par le logement se développe et s'installe donc dangereusement.

Nous aurons l'occasion de revenir plus en détail sur la multiplicité des facteurs en cause dans cette inquiétante augmentation mais force est de constater que la réponse à ces situations d'urgence n'est pas au rendez-vous, y compris lorsque les personnes formulent explicitement le besoin d'être aidées en appelant le numéro d'urgence 115 destiné aux personnes à la rue sans solution.

Le taux de réponse aux demandes d'hébergement montre de fortes tensions depuis la fin du premier confinement. Au cours de l'hiver 2020-2021, le nombre moyen de demandes non satisfaites était d'environ 2 000 par jour dans le pays. Après la parenthèse du Covid et le désengorgement partiel du 115 grâce à l'ouverture de 40 000 places d'hébergement que le gouvernement a décidé de maintenir, les demandes non pourvues faute de place ont repris leur hausse en 2022 : elles sont passées de 3 500 par jour en janvier à 5 000 en août[1]. En 2023, ce nombre a encore augmenté de sorte que dans la nuit du 2 octobre dernier, plus de 8 000 personnes qui ont appelé le 115 sont restées sans solution faute d'hébergements disponibles.

Dans ce triste décompte, les plus vulnérables parmi les vulnérables ne sont pas épargnés. Cette même nuit du 2 octobre, plus de 2 800 enfants sont restés sans solution après que leurs parents ont formulé une

1. L'hiver chaque année est un moment de prise de conscience de l'opinion sur le sort des personnes à la rue mais il ne faut pas oublier que la dureté du sans-abrisme perdure toute l'année.

demande d'hébergement, soit 41 % de plus que l'année précédente.

Des chiffres terribles qui signifient que de très nombreuses personnes sont contraintes de dormir à la rue ou dans un abri de fortune, faute de places dans les structures d'hébergement d'urgence. Et encore, nous parlons ici de celles qui appellent le 115. Or, comme en atteste l'Étude nationale maraudes en janvier 2021, plus de la moitié des personnes rencontrées n'a jamais eu recours au 115, et 83 % n'ont pas appelé le 115 le jour de l'enquête[1].

Le manque de solutions de logement et d'hébergement fait que des personnes à la rue sont donc contraintes d'y rester, malgré les risques que ces situations génèrent. Un constat d'autant plus préoccupant que le volume d'hébergement dédié aux personnes en difficulté a fortement augmenté dans la période récente. Forte augmentation des places d'hébergement d'un côté, doublement en dix ans du nombre de personnes sans domicile de l'autre ; un constat qui peut surprendre au premier abord. Mais il faut bien comprendre que le secteur de l'hébergement répond à des fragilités qui sont le fruit d'insuffisances de politiques publiques, lesquelles dépassent la seule sphère du logement : précarité économique (il faut au passage noter que, contrairement aux idées reçues, un quart des personnes sans domicile travaillent), manque d'accompagnement des patients de la psychiatrie ambulatoire, personnes sortant de prison

1. Fédération nationale des Samu sociaux, Fédération des acteurs de la solidarité, « Étude nationale maraudes et Samu Sociaux sur le sans-abrisme », 2021.

non accompagnées à leur sortie, jeunes sortant de l'Aide sociale à l'enfance à 18, 19 ou 20 ans sans solution de logement, demandeurs d'asile qui, malgré nos obligations légales, ne trouvent pas de places disponibles dans les centres d'accueil dédiés pendant la durée de leur demande (une personne sur deux environ est ainsi concernée).

Le cache-misère de l'hébergement d'urgence

Autant de politiques publiques en crise ou qui souffrent d'un manque chronique de moyens. Ces insuffisances ont pour effet de renvoyer les personnes en difficulté vers le secteur de l'hébergement social qui constitue le dernier rempart pour ceux qui n'ont plus rien. Sans compter que ceux qui ont pu accéder à un hébergement rencontrent de plus en plus de difficultés pour en sortir et aller vers des solutions dignes et durables de logement, limitant par là même le nombre de places disponibles pour répondre aux besoins d'autres personnes.

Pour certains, c'est en raison des difficultés rencontrées pour obtenir des documents administratifs, un titre de séjour, et ainsi être autorisés à candidater au logement social ou à travailler afin de pouvoir se loger dans le parc privé. Et pour d'autres, c'est faute de solutions adaptées dans bien des territoires : logements trop chers, absence de garants, discriminations face à un marché sélectif et concurrentiel, besoin d'accompagnements pour des raisons de dépendance, de difficultés psychiques…

Une autre évolution importante à souligner est que cette augmentation du nombre de places d'hébergement est fortement marquée depuis la fin des années 2000 par le développement de l'hébergement d'urgence, notamment en hôtel social. Entre 2010 et 2019, le nombre de places en hôtel a progressé de 265 %. Au 30 juin 2022, 67 400 places d'hôtel étaient mobilisées (dont les trois quarts en Île-de-France) sur un total d'hébergement (d'urgence et d'insertion) qui avoisine depuis peu les 200 000 places.

L'hébergement d'urgence hôtelier constitue de plus en plus la variable d'ajustement face à la saturation des autres dispositifs d'accueil et d'insertion alors même que ce mode d'hébergement est très insatisfaisant pour les personnes concernées et particulièrement inadapté aux familles, a fortiori quand le séjour se prolonge dans le temps. L'étude « Enfants et famille sans logement en Île-de-France[1] » met au jour la médiocrité d'une part importante de ces chambres : absence de lieux où cuisiner (21 % des situations), absence de toilettes ou de douches dans la chambre (29 %), un seul lit pour parents et enfants (41 %), etc. Les familles qui y sont hébergées sont également souvent contraintes à une mobilité forcée (allers-retours entre nuits passées à la rue et en hébergements d'urgence, obligation de changer de chambre d'hôtel), qui a des répercussions sur la scolarité des enfants, les carences alimentaires, l'accès aux services, le non-recours aux droits, les difficultés pour accéder aux soins et à un accompagnement social.

---

1. Samu social de Paris et défenseur des droits, « Adolescents sans logement. Grandir dans une chambre d'hôtel », février 2019.

Sur le plan financier, si l'on considère l'ensemble des places d'hébergement d'urgence (et pas seulement celles en hôtel social), le niveau des dépenses a presque quintuplé entre 2012 et 2022, soit une augmentation bien plus importante que les moyens dédiés à l'insertion par le logement des personnes en difficulté ou sans domicile. Et si l'on s'en tient à l'hôtel, il apparaît que cette réponse d'urgence, dont nous avons souligné le caractère bien souvent insatisfaisant, coûte par ailleurs cher : près de 8 000 euros par an et par personne en 2021, « contre 6 400 euros pour un hébergement en centre d'hébergement et de réinsertion sociale, où les personnes sont beaucoup mieux accompagnées [1] ».

Ces évolutions (comme la saturation du secteur de l'hébergement d'urgence) ont donc des conséquences très importantes sur le quotidien des personnes sans abri ou sans domicile fixe. L'absence de logement rend très difficile la possibilité de travailler dans de bonnes conditions ou de trouver un emploi, de se soigner et de s'alimenter convenablement, de maintenir une vie sociale… Mais cette saturation peut toucher un public plus large : je pense en particulier à la situation de femmes victimes de violences conjugales qui doivent en urgence trouver une solution pour quitter le conjoint violent et qui, faute d'alternatives, sont parfois contraintes de rester au domicile [2] ; ou encore aux personnes expulsées de leur

1. Avis présenté par le sénateur Les Républicains Jean-François Husson sur le projet de Loi de finances 2021, le 19 novembre 2020.

2. Cf. le dernier rapport sur l'état du mal-logement de la Fondation Abbé Pierre dont l'un des chapitres est consacré au « genre du mal-logement », https://www.fondation-abbe-pierre.fr/sites/default/files/2023-03/REML2023_WEB.pdf

logement, pour la plupart après avoir rencontré des difficultés pour payer leur loyer et leurs charges qui, si elles ne sont pas en mesure de faire appel à la solidarité de proximité et ne trouvent pas de solutions dans l'hébergement institutionnel, peuvent se retrouver sans solution et parfois contraintes de passer par un séjour dans la rue.

Rappelons à ce sujet que plus de 17 000 ménages ont été expulsés par les forces de l'ordre en 2022, soit une augmentation de plus de 50 % en dix ans ; sachant que deux à trois fois plus de ménages quittent leur logement avant même l'intervention de la force publique.

La honte du retour des bidonvilles

Pour clôturer cette rapide évocation des situations les plus dures de non-logement, signalons une régression historique préoccupante : les bidonvilles, que nous pensions avoir définitivement résorbés dans notre pays à la fin des années 1970, ont resurgi de manière inquiétante à la périphérie des centres urbains, et parfois au cœur des villes mêmes, sur des terrains vagues, des friches industrielles, sous des échangeurs autoroutiers…

D'après la Délégation interministérielle à l'hébergement et à l'accès au logement (Dihal), qui recense les personnes en bidonvilles et en « grands squats » en métropole, 11 816 ressortissants européens y vivaient en octobre 2022, répartis dans 270 bidonvilles. En y incluant les populations extra-européennes, ce sont 20 836 personnes qui sont concernées sur 446 sites.

En 2018, le gouvernement avait publié une instruction visant la résorption des bidonvilles, puis doublé en

2020 les crédits alloués à cette mission pour les porter à 8 millions d'euros par an, ce qui a permis ici ou là de déployer des initiatives plutôt positives[1]. Mais faute de moyens et bien souvent de volonté politique, les actions de résorption et de relogement restent limitées. Et la logique d'expulsion et d'évacuation sans évaluation sociale préalable ni solution d'hébergement ou de relogement, malgré son inefficacité avérée, reste dominante depuis près de vingt-cinq ans et plus fortement encore depuis 2010.

D'après l'Observatoire des expulsions des lieux de vie informels, entre novembre 2021 et octobre 2022, 2 078 expulsions ont été recensées en France métropolitaine (contre 1 330 l'année précédente)[2], ce qui représente plusieurs milliers de personnes délogées, pour certaines plusieurs fois dans l'année.

En 2022, les territoires du Calaisis et de la ville de Grande-Synthe représentent à eux seuls 85 % des expulsions signalées. Dans un avis du 11 février 2021 concernant ces territoires, la Commission nationale consultative des droits de l'homme (CNCDH) a recommandé aux autorités publiques de mettre un terme à la politique sécuritaire dite « zéro point de fixation », rappelant les conséquences désastreuses pour les personnes concernées et les aidants. La CNCDH a également

1. D'après la Dihal, en 2021, 1 100 personnes ont été relogées, 3 200 enfants scolarisés et 659 personnes ont trouvé un emploi. Cette instruction est cependant restreinte à une action envers les seuls ressortissants européens, en France métropolitaine.

2. Observatoire des expulsions des lieux de vie informels, « Note d'analyse détaillée », 1er novembre 2021-31 octobre 2022.

insisté sur la nécessité de mettre en place un « socle humanitaire » (accès suffisant à l'eau, à la nourriture, à la santé, etc.). Une question de dignité pour toutes les personnes concernées mais aussi une nécessité pour la cohésion sociale tant le risque est grand de voir notre société « s'y habituer », ou pire, de conduire à une exacerbation des tensions et du rejet envers ceux qui n'ont pas d'autres choix que de s'entasser dans de déplorables conditions d'habitat.

Ce qui fut par exemple le cas le 5 février 2023 à Villeron, dans le Val-d'Oise, où les habitants d'un bidonville ont été la cible durant plusieurs semaines de discours discriminatoires, puis ont reçu l'ultimatum de quitter le bois leur servant d'abri par environ 200 personnes massées à l'entrée du site. La manifestation était encadrée par une quarantaine de gendarmes et le maire de la commune était présent aux côtés de ses administrés. Les familles ont alors été la cible de jets de pierres et de bouteilles en verre, de pétards et de slogans discriminatoires. Une dizaine de manifestants sont ensuite entrés dans le bidonville en contournant les forces de l'ordre. Apeurées, les familles ont pris la fuite, abandonnant l'ensemble de leurs effets personnels. Après leur départ, les manifestants ont détruit à mains nues les abris de fortune des familles avant que la municipalité ne fasse intervenir une pelleteuse et un camion à benne pour raser le tout.

Des agissements évidemment insupportables mais aussi sanctionnables pénalement, raison pour laquelle la Fondation Abbé Pierre a porté plainte contre X avec le Collectif national droits de l'homme Romeurope. Des agissements qui par ailleurs en disent long sur les risques qu'il y a à laisser perdurer et se développer de telles situations.

Les risques majeurs liés au mal-logement

Au-delà des conséquences liées à l'absence totale de logement (les personnes sans abri) ou de logement personnel (les personnes en hébergement social, hébergées chez des tiers, etc.), les mauvaises conditions de logement provoquent d'importants dégâts. Certes, la part des ménages considérant leurs conditions de logement comme satisfaisantes ou très satisfaisantes n'a cessé d'augmenter au cours des dernières décennies (elle est passée de 52 % en 1973 à 79 % en 2020) et le parc de logements s'est incontestablement amélioré depuis le fameux appel de l'abbé Pierre sur les ondes de Radio Luxembourg le 1er février 1954, mais il n'en reste pas moins que des millions de ménages souffrent encore aujourd'hui de mauvaises conditions d'habitat.

L'enquête nationale Logement de l'Insee estimait qu'en 2013[1] un peu plus de 2 millions de personnes vivaient dans des logements privés de confort, dans la mesure où elles ne disposaient pas des équipements sanitaires de base, n'avaient pas de chauffage central ou de coin-cuisine, ou parce que la façade de leur logement était très dégradée, avec des fissures profondes. Ces critères sont des indices laissant supposer que d'autres problèmes peuvent affecter ces logements, notamment

1. Les résultats de l'enquête 2020 ne sont pas encore disponibles sur le sujet à la date de l'écriture de ces lignes.

lorsqu'ils sont petits ou anciens : humidité, moisissures, mauvaise isolation, installation électrique dangereuse, infiltrations d'eau, etc.

D'après l'exploitation des premiers résultats de l'enquête nationale Logement 2020, la part de résidences principales comportant au moins un défaut grave de confort a reculé de 3,4 points depuis 2013, mais elle demeure importante, puisqu'elle touche encore un tiers des ménages[1].

Un des sujets d'inquiétude majeur concerne les personnes vivant dans des copropriétés[2] confrontées à de graves difficultés techniques, financières et sociales qui peuvent se cumuler. Accédants à la propriété surendettés, propriétaires captifs d'un bien invendable, locataires de propriétaires indélicats, voire de marchands de sommeil, primo-arrivants devenus copropriétaires dans des immeubles très dégradés : de nombreux ménages vivent difficilement dans des copropriétés en difficulté qui se referment parfois comme des pièges sur leurs occupants. Selon l'enquête Logement Insee de 2013, près de 518 000 propriétaires-occupants ont déclaré être confrontés à un très mauvais fonctionnement de leur copropriété, à un défaut d'entretien ou à des impayés

1. Données relatives à la France métropolitaine. En ce qui concerne l'outre-mer, la problématique de l'habitat indigne recouvre un continuum de situations : de l'habitat informel dont le bâti est plus ou moins confortable (mais le statut toujours précaire) aux situations d'habitat indigne dans les centres anciens ou le parc social vieillissant, en passant par des formes « d'habitat traditionnel » jamais réhabilitées.

2. On compte 29 % des logements en copropriété.

nombreux et importants (une hausse de 8 % par rapport à 2006), soit au total plus de 1 123 000 personnes. Une estimation basse puisque ces chiffres ne concernent que les propriétaires-occupants et que les observations de terrain montrent une surreprésentation des locataires dans les copropriétés en difficulté.

Vivre dans de mauvaises conditions d'habitat entraîne des risques pour la sécurité et la santé (risques de chute, d'électrocution, d'incendie, d'intoxication au plomb ou au monoxyde de carbone, etc.). De nombreuses pathologies trouvent également leur origine dans un habitat dégradé et insalubre, souvent en lien avec de l'humidité et des moisissures dans le logement : pathologies allergiques et respiratoires, inflammation de la peau et des muqueuses (eczéma), maux de tête et de gorge, infections pulmonaires, etc. Plusieurs études épidémiologiques ont permis d'établir que la prévalence de l'asthme ou de symptômes respiratoires était associée à la présence de moisissures dans les espaces intérieurs. Les professionnels de santé pointent aussi l'impact de l'habitat indigne sur l'état psychique des ménages : troubles du sommeil, de l'humeur ou du comportement, stress, anxiété et dépression ou encore dévalorisation sociale et dégradation de l'image de soi.

Parmi les maladies les mieux identifiées figure le saturnisme (intoxication par le plomb contenu dans certaines peintures, touchant principalement les enfants), qui fait l'objet d'une attention particulière des pouvoirs publics depuis les années 1990. Il provoque des troubles du système nerveux ainsi que des maladies rénales et des retards psychomoteurs, sachant qu'il n'existe pas de traitement du saturnisme ni des troubles irréversibles qu'il entraîne. Malgré des résultats encourageants depuis trente ans, le fléau reste préoccupant dans certaines régions[1] d'autant que les études de l'Institut national de veille sanitaire (InVS) ont pointé un recul des dépistages ainsi que des manquements dans le suivi des enfants intoxiqués.

La mise en visibilité de la précarité énergétique et ses différents impacts a quant à elle fortement évolué au cours des quinze dernières années[2]. Le cocktail « accroissement de la précarité financière/hausse des coûts de l'énergie et du logement/mauvaise qualité thermique de millions de logements » a plongé 12 millions de personnes en situation de précarité énergétique (soit 20 % des ménages). Forte de ces constats, et à un moment où la question était peu analysée, et donc peu traitée, la Fondation Abbé Pierre a lancé en 2013 une étude sur les conséquences sanitaires de la précarité énergétique pour donner de la visibilité au sujet. Celle-ci a montré que 48 % des adultes exposés à la précarité énergétique souffrent de migraines et 22 % de bronchites chroniques contre 32 % et 10 % des personnes qui n'y sont pas exposées. Les enfants exposés, quant à eux,

1. Avec 4 361 enfants touchés en France métropolitaine et 972 dans les DOM selon A. Etchevers, P. Bretin, A. Le Tertre, C. Lecoffre (InVS), « Imprégnation des enfants par le plomb en France en 2008-2009 », 2013.

2. La loi du 12 juillet 2010, portant engagement national pour l'environnement, définit la précarité énergétique comme une difficulté à disposer de la fourniture d'énergie nécessaire à la satisfaction des besoins élémentaires en raison de l'inadaptation de ses ressources ou de ses conditions d'habitat.

souffrent à 30 % de sifflements respiratoires, contre 7 % chez les autres. La précarité énergétique conduit en outre de nombreux ménages à utiliser des chauffages inadaptés, avec un risque d'intoxication au monoxyde de carbone, éventuellement accentué par l'absence d'aération.

En 2015, une étude de l'Observatoire français des conjonctures économiques (OFCE) a quant à elle montré que, toutes choses égales par ailleurs, le fait d'être dans un logement surpeuplé, bruyant ou humide, augmentait de 40 % le risque pour ses occupants de se déclarer en mauvaise santé. Pour un logement difficile à chauffer, ce risque accru s'élève même à 50 %[1].

Plus récemment, en mars 2022, une étude de France Stratégie a estimé que 30 % de la surmortalité hivernale serait due à l'inefficacité énergétique des logements, soit 10 350 décès par an[2].

Bref, nul besoin d'allonger la liste pour montrer à quel point derrière la question du mal-logement, se cachent des enjeux majeurs de santé publique, ce que la Fondation Abbé Pierre avait résumé en 2015 dans une campagne de sensibilisation au slogan sans ambiguïté : « Quand on est malade, on reste à la maison, mais si c'est la maison qui rend malade ? »

1. OFCE, « La mesure du coût économique et social du mal-logement », octobre 2015.

2. France Stratégie, « L'évaluation socio-économique des effets de santé des projets d'investissement public », mars 2022.

Cher, trop cher logement… L'élargissement des victimes de la crise du logement

La période 1965-2000 avait été marquée par une relative stabilité du prix des logements, qui a fluctué dans un « tunnel » de manière proportionnelle à l'évolution du revenu des ménages. Mais la situation a radicalement changé au début des années 2000 lorsque l'indice du prix des logements est sorti de ce tunnel par le haut[1] sur l'ensemble du territoire, provoquant un décrochage majeur entre l'évolution des ressources et celle du coût du logement. Selon l'Insee, entre 2000 et 2010, les prix des logements ont doublé en France, ce qui n'est évidemment pas le cas des ressources et des salaires. Puis nous avons assisté à une relative accalmie, avant de voir remonter les prix à la fin des années 2010 sachant qu'au final entre 2000 et 2021 la hausse des prix des logements anciens atteint un total effarant de + 172 %.

Cette hausse a été particulièrement forte dans les métropoles. Mais elle tend à se répandre dans d'autres parties du territoire, sachant que les secteurs qui étaient déjà chers ont vu leurs prix continuer à augmenter mais aussi leurs périmètres s'étendre. Toutes les zones littorales ouest et sud du pays présentent des prix élevés comme les secteurs à proximité de l'Allemagne, de la Suisse et du Luxembourg. De nombreux départements

1. Jacques Friggit, « Le prix des logements sur le long terme », Conseil général de l'environnement et du développement durable (CGEDD), 2018.

sont devenus inabordables pour une très large frange de ménages, poussant les actifs à s'installer aux confins ou dans les départements voisins et les condamnant à des trajets quotidiens de plus en plus longs pour se rendre à leur travail (Gironde, Haute-Savoie, Calvados, Alpes-Maritimes, Loire-Atlantique, Ille-et-Vilaine, Bas-Rhin, Haute-Garonne, Rhône, etc.).

Depuis quelques années, une alerte concerne particulièrement le logement des salariés modestes dans la zone littorale atlantique qui va de Saint-Malo à Biarritz. Une zone où la pression démographique et touristique élargit la concurrence pour l'accès au logement alors que le développement des résidences secondaires et le recours aux plateformes de réservations touristiques types Airbnb ou Abritel réduisent l'offre de logement à l'année en résidence principale. Dans le Pays basque français, la ville de Bayonne a par exemple vu ses prix de l'immobilier augmenter de près de 60 % en cinq ans, ce qui, au printemps 2023, a donné lieu – phénomène relativement récent dans notre pays – à des manifestations d'habitants démunis face à une telle flambée[1]. Des mobilisations semblables ont également eu lieu dans de petites villes, jusqu'ici plutôt épargnées par la crise du logement, comme à Douarnenez, où 500 personnes ont manifesté le 10 septembre 2022[2]. La situation est

1. https://www.lemonde.fr/societe/article/2023/04/01/a-bayonne-des-milliers-de-manifestants-pour-denoncer-les-prix-de-l-immobilier-au-pays-basque_6167899_3224.html

2. D'autres villes moyennes sont touchées par la hausse des prix, notamment en raison de leur relative proximité avec la région parisienne, comme Le Mans, Tours, Chartres, Reims, Orléans ou Angers.

particulièrement pénalisante pour les saisonniers et contribue à accentuer les difficultés du secteur de l'hôtellerie-restauration. Mais l'insuffisance de logements abordables touche tous les salariés modestes des zones littorales où la pression touristique est vive et le défaut de main-d'œuvre concerne également le BTP et les services, déstabilisant les économies locales.

Dans les zones littorales de la Nouvelle-Aquitaine, comme dans d'autres territoires attractifs (côte méditerranéenne, frontière suisse, etc.), les résidences secondaires représentent souvent un quart des logements et peuvent atteindre 50 % dans les zones les plus touristiques, accentuant ainsi les tensions sur le marché du logement. Dans des secteurs plus reculés, comme le sud de l'Ardèche, la demande des touristes et des résidences secondaires raréfie le parc privé financièrement abordable et ne laisse bien souvent aux ménages à faibles ressources que les logements de mauvaise qualité.

Dans les métropoles et les autres territoires où le marché du logement est tendu, certains trouvent chaussure à leurs pieds (à l'achat ou à la location) parfois très loin de leur lieu de travail ou de la ville-centre, favorisant l'étalement urbain, avec toutes les conséquences que cela engendre (augmentation des coûts des déplacements domicile/travail, allongement des temps de trajets, pollution atmosphérique ou densification de la circulation). D'autres, pour maintenir une localisation attractive ou une proximité avec leur lieu de travail ou leur réseau de solidarité, finissent pas accepter des logements de mauvaise qualité ou trop petits.

D'après l'enquête Logement de l'Insee, plus de 2,6 millions de ménages vivaient en 2013 en situation de surpeuplement. Parmi eux, 2,4 millions de ménages étaient concernés par une situation de « surpeuplement modéré » (lorsqu'il manque une pièce au logement)[1]. Et 218 000 vivaient en surpeuplement « accentué » (lorsqu'il manque deux pièces ou plus au logement), soit une augmentation de 17 % par rapport à 2006. Même si les données détaillées de l'étude 2020 ne sont pas encore disponibles, on sait que cette tendance s'est encore accentuée puisque le taux de surpeuplement est passé de 8,4 % en 2013 à 8,7 % en 2020.

Cette augmentation n'a rien d'anodin : il s'agit d'un changement historique, sachant que jusqu'ici les tendances démographiques et résidentielles conduisaient plutôt des ménages de plus en plus petits à vivre dans des logements de plus en plus grands. Cela est d'autant plus inquiétant que l'augmentation du surpeuplement affecte particulièrement les ménages à bas revenus alors que dans le même temps le taux baisse pour les ménages à revenus élevés. Rien d'anodin enfin parce que pour les personnes concernées et pour les enfants, les conséquences au quotidien peuvent être très lourdes : bruit, stress, promiscuité, manque d'intimité, difficultés à faire ses devoirs[2], etc.

Quant aux autres, ceux qui ne peuvent même pas se serrer dans leur logement, ils se partagent le(s) reste(s),

1. Des situations qui touchent plus durement les familles monoparentales puisqu'un quart d'entre elles vivent en surpeuplement avec un ou plusieurs enfants de moins de 10 ans.

2. Voir à ce sujet le chapitre 1 du rapport de la Fondation Abbé Pierre sur « L'État du mal-logement en France 2018 », pages 34 à 134, « Le surpeuplement, un problème de taille ».

sont relégués dans les marges et sont contraints de recourir aux formes les plus dures du mal-logement : à la rue ou en hébergement, dans un logement indigne et dangereux pour la santé, sous la coupe de marchands de sommeil (en louant très cher des logements qui n'en sont pas) ou en étant obligés de vivre au camping à l'année.

Le recours aux terrains de camping pour se loger toute l'année fait en effet partie des formes d'habitat précaire qui se sont développées au cours des vingt dernières années, même si le phénomène reste difficile à quantifier. Les remontées des acteurs de terrain et des associations insistent sur la grande diversité des populations qui ont recours à cette solution : des jeunes qui s'installent sur ces terrains pour une période d'études ou de travail estival, des couples (avec ou sans enfants) qui espèrent mettre de l'argent de côté pour accéder ensuite à un logement ordinaire, des personnes seules suite à une rupture (chômage, divorce, veuvage, etc.) à la recherche d'une solution de repli ou des retraités – de plus en plus nombreux – qui choisissent d'habiter à l'année dans un camping qui fut leur résidence secondaire [1].

Le logement trop cher entraîne enfin bien d'autres conséquences. Il rend plus difficile l'accession à la propriété de ménages dont les ressources, il y a encore une vingtaine d'années, leur permettaient de devenir

1. La précarité du logement en camping se mesure à l'insécurité du statut d'occupation : expulsion possible à tout moment sans préavis, augmentation des tarifs au bon vouloir du gérant, etc. L'accès à l'eau et à l'électricité est souvent prohibitif et les visites peuvent même être interdites dans la mesure où le terrain est privé.

propriétaires ; creusant ainsi les inégalités patrimoniales entre ceux qui peuvent se constituer un patrimoine immobilier et ceux qui ne le peuvent pas. Il accentue les ségrégations spatiales entre ceux qui peuvent choisir la localisation de leur logement et ceux qui ne le peuvent pas, contribuant à concentrer les populations modestes et pauvres dans des territoires « réservés ». Il réduit la mobilité dans le logement et singulièrement dans le logement social, dont les locataires peuvent difficilement envisager une sortie vers la propriété ou le locatif privé, réduisant d'autant l'offre libérée pour de nouvelles attributions HLM.

La situation est particulièrement difficile pour les personnes disposant de revenus modestes, comme si à la panne de l'ascenseur social s'ajoutait celle de l'ascenseur résidentiel.

Le logement cher empêche aussi certains de se projeter dans l'avenir ou ralentit leurs projets : celui de fonder une famille ou de l'agrandir, celui de décohabiter de chez ses parents quand on atteint l'âge adulte, de s'engager dans une formation, etc. Il freine la mobilité dans l'emploi de personnes qui préfèrent renoncer à un poste dans un territoire où le logement viendrait amputer trop fortement leur budget. Et, comme nous l'avons évoqué, le poids croissant du logement touche le pouvoir d'achat avec toutes les conséquences que cela entraîne sur les autres dépenses : moyens disponibles pour se soigner, s'alimenter convenablement, se déplacer, partir en vacances…

« Gouverner, c'est d'abord loger son peuple », disait l'abbé Pierre

La liste serait encore longue mais s'il fallait résumer : le problème du logement n'est pas qu'un problème de logement. Le logement est devenu un puissant accélérateur d'exclusion comme d'inégalités. Au total, 4,1 millions de personnes souffrent de mal-logement ou d'absence de logement personnel. Et, outre ces situations les plus graves, 12,1 millions de personnes sont touchées à des degrés divers par la crise du logement. Sachant que l'élargissement des victimes de la crise a entraîné des effets de mise en concurrence et conduit à une véritable « lutte des places » dont les plus fragiles sont les premières victimes.

Considérant toutes ces réalités, les propos de l'abbé Pierre qui aimait à rappeler que « gouverner c'est d'abord loger son peuple » trouvent ici une forte résonance. L'enracinement du mal-logement et le rôle accru du logement dans la création d'inégalités et le décrochage des couches populaires montrent qu'une intervention plus forte de la puissance publique s'impose pour faire du logement un vecteur d'équité et un rempart contre l'insécurité sociale. Une telle intervention est indispensable pour apporter des réponses dignes aux mal-logés. Mais aussi pour renforcer la cohésion sociale et territoriale dans la mesure où le logement, l'habitat comme l'aménagement du territoire (que l'on pourrait qualifier de grand oublié de la période récente) sont de puissants leviers d'action pour lutter contre les inégalités sociales et territoriales. Il s'agit par ailleurs d'un impératif économique, pour redonner du pouvoir d'achat aux ménages, favoriser l'emploi dans le domaine du bâtiment et réduire les coûts sanitaires, sociaux, environnementaux engendrés par le mal-logement.

Nombreux sont les acteurs à alerter sur ces dures réalités. Qu'il s'agisse des intervenants sociaux démunis face à l'absence dramatique de solutions pour des populations en détresse ou des étudiants confrontés au manque d'offre et à des loyers exorbitants ; des bailleurs sociaux qui n'arrivent pas à répondre à une demande en forte hausse de ménages modestes ne trouvant pas de logements adaptés à leurs ressources en locatif privé ou en accession à la propriété ; d'entreprises qui rencontrent des difficultés pour recruter faute de solution de logement satisfaisante à offrir à leurs futurs salariés ou encore d'acteurs économiques du secteur du logement inquiets pour le maintien de leur outil de production à une période où la construction baisse dangereusement…

Mais qui les écoute, qui prend en compte ces inquiétudes ?

Force est de constater que, comme le donnera à voir « l'occasion manquée » du Conseil national de la refondation logement que j'ai coanimé au printemps 2023[1], les responsables politiques n'ont pas pris (ou ne veulent pas prendre) la mesure de l'enjeu que recouvre le logement, lequel ne peut être réduit aux seules considérations techniques, budgétaires ou idéologiques.

Et c'est bien là le problème. Lorsque l'on parle de « mère des batailles », c'est moins par opposition à

---

1. Lire à ce sujet le chapitre 12 : Des leviers à mobiliser pour sortir de nos impasses.

d'autres sujets qui comptent fortement pour la société (éducation, santé, écologie, inégalités, etc.), qu'en raison du désintérêt politique dont il fait cruellement l'objet. Avec toutes les graves conséquences humaines et sociales que cela entraîne.

4

Creusement des inégalités
Plus ça va, moins ça va !

Je ne cesse de le répéter depuis des années, à mes interlocuteurs au plus haut niveau de l'État comme à nos soutiens et aux médias : il est plus que temps de nous confronter à la réalité de la pauvreté et du mal-logement dans notre pays.

Je le martèle mais j'ai cette désagréable sensation que ce vaste chantier ne mobilise pas grand monde. Entre déni, idéologie, realpolitik, cynisme, stratégie de l'autruche, j'ai souvent, comme beaucoup d'autres au sein des associations de lutte contre les exclusions, l'impression de prêcher dans un désert d'indifférence.

La pauvreté et le mal-logement sont des sujets « brûlants » mais peu de personnes semblent pressées de s'en saisir. Faute de volonté ? De courage politique ? De moyens financiers ? Parce que le sujet finalement ne serait pas très « valorisant » pour ceux qui s'impliqueraient ?

Difficile de répondre avec certitude et je ne veux faire de procès d'intention à personne. Mais je constate qu'une partie de la France s'appauvrit ou se fragilise, et de cela, aucune démocratie digne de ce nom ne devrait s'accommoder…

Parmi les principales « questions qui fâchent », il y a celle du creusement des inégalités qui vient chatouiller nos bonnes consciences. Oui, comme nous l'avons vu plus haut, il y a trop de pauvres dans notre pays, un nombre croissant de familles qui n'arrivent pas à boucler les fins de mois et de plus en plus de personnes sans domicile. Mais ces réalités ne sont pas étrangères à la question des inégalités et de leur creusement. Car les inégalités renvoient à un phénomène dynamique, au sens où les choses ne sont pas figées et sont fortement tributaires des choix économiques que fait notre pays.

Je veux ici parler des inégalités de ressources, des inégalités de patrimoine et des inégalités face au logement. Pour moi, ce lent mais progressif creusement des inégalités menace notre capacité d'agir et à terme notre cohésion sociale qui fait (encore) l'une de nos fiertés.

Penchons-nous sur l'actualité de ces dernières années. Trait marquant de la politique d'Emmanuel Macron depuis 2017, la baisse des impôts est à bien des égards délétère et inégalitaire car elle prive la puissance publique d'une partie de ses moyens et diminue d'autant sa capacité à agir pour maintenir ou renforcer notre protection sociale (retraites, santé, aides aux plus défavorisés, etc.), notre sécurité, nos routes, nos écoles, nos universités… et, bien sûr, pour mener une transition écologique ambitieuse et juste.

Le gouverneur de la Banque de France, François Villeroy de Galhau, a clairement fait savoir, à la mi-février 2023 dans l'émission « Les 4 vérités » sur France 2, qu'il fallait stopper cette politique : « Je ne fais pas du tout partie de ceux qui disent "un bon impôt est un impôt supprimé" […] Je crois au modèle social européen. La fiscalité doit aussi traduire la solidarité et l'équité. Arrêtons la course à la baisse d'impôts dans ce pays ! »...

Voilà une « sortie » pour le moins inhabituelle et qui pour tout dire m'a d'autant plus surpris qu'à l'occasion de l'installation du Conseil national de la rénovation (CNR) à Marcoussis auquel j'avais participé le 8 septembre 2022, en présence du président de la République, de la Première ministre et de nombreux ministres, le même gouverneur qui faisait une présentation de la situation économique du pays m'était apparu plus enclin à parler de réformes de l'assurance chômage ou des retraites qu'à infléchir la courbe des baisses d'impôts. Serait-ce donc que ces baisses seraient allées trop loin ? Les « gardiens du temple » seraient-ils eux-mêmes en train de s'inquiéter d'un risque de dérive ? Nous y reviendrons, mais posons déjà quelques jalons sur la situation des inégalités dans notre pays en regardant d'un peu plus près comment se répartit le patrimoine en France.

Vers une « société de rentiers » ?

Comme l'indique l'Insee, le patrimoine des ménages [1] est très inégalement réparti dans la population. En 2021,

1. On parle ici de « patrimoine brut », soit le montant total des actifs détenus par un ménage, c'est-à-dire l'ensemble des biens lui permettant de disposer de ressources futures. Il est évalué avant déduction des éventuels emprunts contractés pour acquérir un bien immobilier, un bien d'équipement, ou pour tout autre motif personnel ou professionnel. Il inclut son patrimoine financier, son patrimoine immobilier et son patrimoine professionnel.

la moitié des ménages possédait 92 % du patrimoine global. Ce qui, par opposition, signifie que l'autre moitié des ménages, la moins bien lotie, se contente de 8 % du total de la richesse privée ! La concentration de ce patrimoine est par ailleurs très forte en haut de l'échelle puisque les 10 % les plus riches possèdent près de la moitié (47 %) du patrimoine de tous les foyers de notre pays[1].

Si l'on entre un peu plus dans le détail, on constate que ce patrimoine est constitué à près des deux tiers (62 %) de biens immobiliers. C'est dire l'importance du logement dans cette histoire. D'ailleurs, si les inégalités de patrimoine avaient globalement diminué entre le début du XXe siècle et les années 1970, c'est notamment du fait de l'accession à la propriété de ménages qui en étaient jusque-là exclus. Mais le balancier s'est inversé, et à partir des années 1980, les inégalités se sont de nouveau creusées.

Un des faits marquants de ces quatre dernières décennies tient au fait que les ménages les plus pauvres ont vu les portes de l'accession à la propriété se refermer en raison de la hausse des prix des logements et des conditions d'achat de plus en plus difficiles du point de vue de l'endettement. La part de ménages propriétaires parmi les 10 % des ménages ayant les plus faibles revenus a reculé de 20 points entre 1984 et 2013 (de 43,6 % à 24,2 %), ce qui est considérable. Parallèlement, la part de propriétaires parmi les 10 % des ménages les plus aisés a progressé

1. Les 1 % les mieux dotés en possèdent quant à eux 15 %.

de 15 points dans la même période (elle atteignait 90 % en 2013).

Ces évolutions contribuent à creuser les inégalités dans trois directions. En premier lieu, la hausse des prix de l'immobilier valorise le patrimoine des ménages propriétaires (dont la valeur augmente) et creuse les inégalités avec ceux qui ne peuvent accéder à la propriété dans les conditions actuelles du marché[1]. Vient enfin la question des multipropriétaires : en 2021, 24 % des ménages vivant en France sont multipropriétaires et détiennent 68 % du parc de logement appartenant à des particuliers. On parle de multipropriétaires lorsque les ménages possèdent au moins deux logements, mais le phénomène le plus marquant tient au fait que la concentration est particulièrement forte autour d'un nombre limité de personnes : si les propriétaires d'au moins cinq logements ne représentent que 3,5 % des ménages, ils détiennent en revanche 50 % de l'ensemble des logements en location possédés par des particuliers !

Cette concentration de la propriété reflète une forte logique d'accumulation patrimoniale pour ceux qui ont la capacité d'acheter des biens immobiliers et de les faire fructifier par la simple augmentation des prix de l'immobilier. Un constat qui recoupe les analyses autour de la « société de rentiers » dont parlait il y a dix ans déjà Thomas Piketty dans son ouvrage *Le Capital au XXIe siècle*[2]. Certains qualifient cette réalité

1. Début 2018, 70 % des cadres sont propriétaires de leur résidence principale, contre seulement 50 % des ouvriers qualifiés et 38 % des employés.

2. Le Seuil, 2013.

« d'enrichissement sans cause » car de fait, si vous aviez la capacité d'acheter dix logements en 2000 et que vous les avez revendus le double dix ans après, le gain est considérable et cela sans grand effort et sans que ces investissements puissent être considérés comme ayant été véritablement productifs pour le pays. Au fond, si la hausse des marchés immobiliers complique l'accès au logement d'une grande partie des ménages (à la location comme à la propriété), de l'autre côté, elle favorise de nombreux autres, qui ont la chance de pouvoir vendre au bon moment sans avoir – contrairement au propriétaire d'un bien unique – à racheter un logement au même prix.

Une richesse immobilière accumulée sans véritable « mérite » qui appelle à une meilleure redistribution de ces richesses, ce qui est le rôle de la politique fiscale immobilière. Nous aurons l'occasion de revenir dans un prochain chapitre sur les modalités possibles de redistribution de ces richesses mais l'objectif est bien de mettre en place une fiscalité plus importante, notamment sur les plus-values lors la revente, de façon à limiter la spéculation et la hausse des prix, mais aussi à générer des moyens accrus pour financer les politiques sociales et écologiques.

Ces constats appellent aussi à développer le soutien à l'accession sociale à la propriété pour permettre à un nombre plus important de personnes modestes et de jeunes ménages qui le souhaitent de retrouver le chemin de la propriété et lutter ainsi contre les inégalités de patrimoine. Des constats qui appellent enfin plus largement à une plus grande maîtrise des prix, dont la flambée produit de fortes exclusions. Une flambée qui d'ailleurs surprend une partie de ceux-là mêmes qui en bénéficient. J'ai régulièrement eu des témoignages de personnes qui, après m'avoir entendu déplorer dans les médias le caractère problématique du doublement des prix dans la décennie 2000 et leur décrochage par rapport aux revenus, m'ont fait part du caractère absurde de ces hausses : « Je n'ai rien demandé et comme par miracle mon appartement a vu sa valeur exploser » ; « Si je quitte la région parisienne pour une ville pas cher c'est pas mal, mais si c'est pour racheter ici, ça ne change rien » ; « Ça monte la valeur de mon patrimoine mais clairement ça empêche nos enfants et les plus jeunes de se loger »…

Pour terminer cette approche de l'importance du logement dans la production des inégalités, soulignons que les inégalités sociales se traduisent aussi spatialement. Selon l'Insee, 63 % des propriétaires vivent dans une zone « favorisée », contre 53 % des locataires du secteur privé et 32 % de ceux du parc social. Les mobilités résidentielles s'accompagnent par ailleurs d'une forte sélection sociale, les jeunes et les cadres ayant tendance à aller vers les pôles urbains, les ouvriers et employés vers les couronnes périurbaines (souvent des villes de taille moyenne) et les ouvriers ayant une famille plutôt vers les espaces peu denses. Le déplacement de la population des villes-centres vers la périphérie, bien que moins intense qu'au début des années 1990, se poursuit ; et les inégalités se renforcent entre ceux qui peuvent choisir le lieu d'acquisition de leur bien et ceux qui sont contraints de s'éloigner toujours plus des centres-villes, s'installant davantage dans les petites communes ou en milieu rural au prix de trajets domicile-travail plus longs et coûteux.

Bref, le logement et la propriété sont clairement de puissants révélateurs, mais aussi des accélérateurs d'inégalités.

Des choix fiscaux profondément inégalitaires

Quittons le logement pour parler fiscalité et choix économiques au cours de ces dernières années. Nous le disions, Emmanuel Macron a fait de la baisse des impôts un axe fort de sa politique. Une orientation qui avait commencé par la suppression en 2017 de l'impôt de solidarité sur la fortune (l'ISF créé en 1982), transformé en impôt sur la fortune immobilière (IFI). Au passage, la motivation qui avait conduit au maintien de cette portion d'impôt reposait sur l'idée que l'immobilier existant n'étant pas vraiment « productif », il fallait continuer à le fiscaliser, ce qui recoupe une partie des analyses que nous venons de formuler. Il n'en reste pas moins que la manœuvre a consisté à supprimer le reste et donc à exonérer les plus riches d'une partie non négligeable de leur impôt. Alors que l'ISF avait rapporté 4,2 milliards d'euros en 2017, son remplacement par l'IFI a fait baisser la contribution au budget de l'État à 1,7 milliard en 2021 et a divisé par trois le nombre de ménages assujettis.

Je pense aussi au prélèvement forfaitaire unique (aussi appelé « *flat tax*[1] ») sur les revenus financiers qui vise à alléger la fiscalité de l'épargne. L'addition de ces

1. Il s'agit du prélèvement forfaitaire unique qui plafonne à 30 % l'imposition des revenus du capital (12,8 % au titre de l'impôt sur les revenus + 17,2 % de prélèvements sociaux).

deux baisses d'impôts pour les plus aisés représente un manque à gagner pour l'État d'environ 5 milliards d'euros par an alors qu'elles concernent seulement quelques centaines de milliers de ménages. C'est ainsi qu'un ménage qui touche 400 000 euros de revenus financiers annuels a bénéficié, selon l'Observatoire des inégalités, d'un cadeau fiscal de 96 000 euros sous forme de baisse de son impôt sur le revenu.

Des cadeaux aux plus aisés assumés au nom d'un « ruissellement » des richesses depuis les « premiers de cordée » jusqu'aux derniers, qu'aucune évaluation n'est jamais venue confirmer.

D'autres mesures, moins discutées dans le débat public, ont suivi, comme la suppression de la taxe d'habitation sur les résidences principales. Initialement promise pendant la campagne de 2017 d'Emmanuel Macron aux 80 % de ménages les moins aisées, sa suppression a finalement été généralisée à tout le monde, sans conditions de ressources[1]. Une décision qui mérite que l'on s'y attarde tant elle me paraît révélatrice de ces choix profondément injustes et à ce titre inquiétants.

---

1. La réforme de la taxe d'habitation, engagée dès 2019, conduit à une suppression progressive de cette ressource fiscale des communes jusqu'en 2023. En compensation, les communes se voient transférer la part départementale de la taxe foncière sur les propriétés bâties, l'État devant combler le différentiel restant. Les départements quant à eux se voient affecter une part d'impôt national en compensation. La suppression de la taxe d'habitation constitue l'une des raisons avancées pour justifier l'augmentation de la taxe foncière dans de nombreuses communes en 2022, celle-ci demeurant l'une de leurs dernières marges de manœuvre fiscales.

Lorsque le candidat Emmanuel Macron a fait cette proposition durant sa campagne, ma première réaction a été de me dire que cela posait problème parce que ce serait autant de ressources – 10 milliards d'euros par an quand même ! – dont la puissance publique allait se priver pour mener des politiques publiques utiles à notre pays. Mais aussi qu'il s'agissait d'une mesure profondément inégalitaire puisqu'elle ne profitera pas aux 5 millions de ménages les plus pauvres qui en étaient déjà exonérés ou à ceux qui payaient des montants limités, et pour qui la réforme ne changera donc rien ou peu. Mais, au fil de nos échanges à la Fondation Abbé Pierre et avec nos partenaires, nous nous sommes dit que l'on pouvait aussi considérer qu'il s'agissait d'une mesure de pouvoir d'achat qui pouvait redonner de l'air aux classes moyennes, sachant que d'autres mesures de répartition des richesses allaient sans doute être menées parallèlement puisque le même candidat avait évoqué l'idée de faire évoluer les droits de succession. Lorsqu'une fois élu, l'annonce a été faite de l'étendre aux 20 % des ménages les plus aisés, les bras m'en sont tombés.

D'une décision qui allait amputer le budget de l'État de 10 milliards d'euros par an en exonérant 80 % de la population d'une taxe qui trouve ses origines à la fin du XIXe siècle, on allait ajouter 8 milliards de pertes supplémentaires en intégrant les 20 % les plus aisés restants. Au total, 18 milliards dont la collectivité et ses services publics allaient se priver chaque année, dont près de la moitié uniquement au bénéfice des 20 % les plus aisés (pour donner une idée du volume financier que cela représente, c'est le montant que le gouvernement souhaitait au départ « épargner » à l'horizon 2030 avec sa réforme des retraites de 2023).

Une totale incompréhension dont j'ai pu débattre avec différents députés, ministres et jusqu'à l'Élysée. La réponse qui m'a été faite alors était que supprimer un impôt sur une partie seulement de la population n'aurait pas passé le filtre du Conseil constitutionnel. Certes, peut-être, mais dans ce cas, avant d'engager une telle suppression, il aurait été pertinent de mettre en place une nouvelle fiscalité qui permette de compenser le manque à gagner. Mais en vain… la mesure d'élargissement s'applique désormais bien à tout le monde, y compris à ceux qui n'en ont pas besoin et n'avaient d'ailleurs rien demandé.

Cette baisse de taxation du patrimoine aurait par exemple pu être compensée par une hausse des droits de succession, comme le candidat Emmanuel Macron avait pu le laisser entendre, mais le président une fois élu n'a pas mené cette réforme. Les enjeux sont pourtant majeurs : les mesures favorables à la détaxation des héritages prises depuis 2004 ont privé l'État d'environ 6 milliards d'euros de recettes par an, à une époque où 60 % de la richesse est transmise par héritage, contre 30 % il y a quarante ans[1].

L'exonération temporaire en 2020-2021 de droits de donation familiale jusqu'à 100 000 euros a constitué un autre symbole d'une politique fiscale non redistributive. Pour leurs enfants et petits-enfants, l'aide des parents et grands-parents qui en ont les moyens

1. Selon les estimations de Nicolas Frémeaux, auteur des *Nouveaux Héritiers* (Le Seuil, « La République des idées », 2018).

justifierait une baisse de fiscalité et ne relèverait paradoxalement pas de « l'assistance », alors que c'est en son nom que les gouvernements successifs ont refusé d'instaurer par exemple un minima social pour les jeunes en situation précaire et sans soutien familial. Mais surtout, si la majorité actuelle poursuivait dans le sens d'une baisse pérenne des droits de succession et de donation, comme y aspirent certains membres du gouvernement (notamment le ministre de l'Économie Bruno Le Maire), elle aurait pour effet d'accentuer encore les inégalités de patrimoine déjà très importantes en France.

Or, parallèlement à la nécessité d'augmenter la fiscalité immobilière, la question de la hausse de la fiscalité lors de la transmission du patrimoine, même légère et ciblée en épargnant les ménages modestes, est de mon point de vue essentielle. Pourquoi ? Parce que l'héritage occupe une place accrue dans l'accumulation du patrimoine et la reproduction des inégalités. Et parce que les inégalités de patrimoine sont bien plus fortes et encore plus injustes que les inégalités de revenu car elles se transmettent de génération en génération. Là aussi nous reviendrons plus en détail sur les modalités possibles de mise en œuvre d'une fiscalité plus juste, mais à l'évidence, les baisses observées ces dernières années en la matière ne sont pas tenables et nous privent de ressources essentielles pour mener les politiques sociales et écologiques ambitieuses dont nous avons besoin.

Un « quoi qu'il en coûte » qui ne contrebalance pas les mesures inégalitaires

Mais revenons un peu en arrière lors du quinquennat précédent. Après les réactions populaires fortes, fin 2018, incarnées par le mouvement des Gilets jaunes, le gouvernement s'est résolu à corriger un peu le tir par rapport à ses premières décisions : hausse et extension de la prime d'activité et du chèque énergie, instauration d'une prime exceptionnelle de pouvoir d'achat, exonération des heures supplémentaires. La stratégie de lutte contre la pauvreté lancée par le gouvernement en septembre 2018 avait également donné lieu à des annonces à connotation plus sociale, mais certaines sont restées lettres mortes (comme la création d'un revenu universel d'activité, nous y reviendrons) tandis que d'autres, bien qu'utiles, s'avèrent limitées et dans tous les cas loin de poser les bases d'une « éradication de la grande pauvreté en une génération » comme l'avait formulé le président de la République lors du lancement de la démarche au musée de l'Homme à Paris le 13 septembre 2018 : augmentation du nombre de Territoires zéro chômeur, dédoublement des classes en réseaux d'éducation prioritaire (REP), petits-déjeuners gratuits dans certaines écoles, aide à la petite enfance, soutien à l'insertion par l'activité économique, création de la complémentaire santé solidaire, etc.

Puis la crise Covid a poussé le gouvernement à déployer des politiques publiques de grande ampleur, mais sans jamais contrebalancer les choix budgétaires et fiscaux qui avaient largement favorisé les ménages les plus riches. La politique du fameux « quoi qu'il en coûte » a sans aucun doute contribué à atténuer les effets les plus violents de la crise sanitaire. Cependant, une publication de l'Insee[1] établit qu'elle n'a pas traité de façon égalitaire riches et pauvres, ni corrigé les mesures financières et fiscales inégalitaires des budgets 2020 et 2021. Si le soutien public a alors permis d'augmenter le niveau de vie des Français, en moyenne de 280 euros par personne et par an sur la période, ce montant s'élève à 420 euros en moyenne pour la moitié la plus aisée de la population, tandis qu'il ne dépasse pas 130 euros pour les catégories les moins favorisées. À cela une explication : les premiers ont largement profité de la baisse de l'impôt sur le revenu, instaurée par la loi de finances de 2020, et de l'allègement de la taxe d'habitation (pour un montant de 11 milliards soit 90 % du total des mesures prises), alors que les plus modestes ont bénéficié de l'augmentation modérée des prestations sociales, pour 1,6 milliard d'euros au total, soit 10 % seulement des mesures adoptées.

La hausse des prix a par ailleurs poussé le gouvernement à accorder des aides ponctuelles : aides exceptionnelles de solidarité aux allocataires du RSA ou des APL, hausse du chèque énergie de 100 euros pour une année, indemnité inflation de 100 euros ou majoration exceptionnelle de 100 euros de l'allocation de rentrée scolaire. Mais il n'a jamais, ou presque, concédé des revalorisations significatives et pérennes des dispositifs ni accepté de revenir sur les avantages fiscaux offerts aux plus aisés.

Ces aides ponctuelles sont bienvenues pour ceux qui en bénéficient. Mais elles ne sont pas du tout de même

1. *France, portrait social*, 2022.

nature qu'une augmentation durable et significative, par exemple du RSA, qui serait pourtant nécessaire pour répondre aux besoins quotidiens des personnes qui en bénéficient. Le gouvernement s'y est constamment opposé, manifestement pour ne pas « décourager le retour à l'emploi »...

Le minimum vieillesse (allocation de solidarité aux personnes âgées ou Aspa) et l'allocation adulte handicapé (AAH) ont été revalorisés, mais faiblement[1]. En revanche, le scénario de hausse et d'élargissement du RSA, réclamé assez largement, a été écarté de sorte que ce minima social reste à un niveau très bas et qu'il décroche au fil des années. Le RMI représentait à sa création en 1988 41 % du Smic brut, le RSA (son successeur) en représente aujourd'hui (hors forfait logement) moins de 33 %. Un niveau très bas sans compter que cette prestation n'est toujours pas ouverte aux moins de 25 ans, faisant de la France l'un des seuls pays européens à ne pas offrir un minimum pour vivre (ou plutôt pour survivre) aux jeunes en situation de précarité et bien souvent en rupture familiale.

Tout le quinquennat aura été marqué par un renoncement à des réformes plus structurelles des prestations sociales. Une ambition pourtant annoncée par Emmanuel Macron lors de la présentation de la « Stratégie pauvreté » en septembre 2018, qui avait affirmé vouloir mener une réforme d'ampleur en instaurant un

1. Notons aussi que l'AAH a été « déconjugalisée », ce qui constitue une bonne nouvelle dans la mesure où elle permet de rendre ses allocataires indépendants des revenus de leur conjointe ou conjoint.

revenu universel d'activité (Rua) ; il s'agissait alors de fusionner ou d'articuler les minima sociaux et certaines prestations sociales (la prime d'activité, les APL, etc.), de mettre en œuvre un versement automatique afin de simplifier le recours aux aides, mais aussi d'ouvrir un minima social aux jeunes de moins de 25 ans.

Les travaux menés par le ministère des Solidarités, auxquels j'ai participé aux côtés de nombreux acteurs de l'action sociale, ont ouvert des perspectives prometteuses et levé certaines inquiétudes, notamment sur des velléités d'instaurer d'éventuelles contreparties au RSA ou au futur Rua. Mais en 2020, ce chantier du Rua a été purement et simplement abandonné, comme les allocataires le sont à leur situation toujours aussi difficile. Sachant que la campagne électorale d'Emmanuel Macron au printemps 2022 nous a replongés dans cette fausse bonne idée consistant à vouloir conditionner le versement du RSA à des heures d'activités, sans que sur le moment, personne n'ait bien compris de quoi il s'agissait, si ce n'est de contribuer à stigmatiser les plus pauvres qui font appel à cette aide de dernier recours lorsqu'ils n'ont plus aucune ressource.

Autant de choix politiques, sociaux et économiques ou de renoncements qui renforcent l'idée selon laquelle les « petites phrases » qui ont égrainé le premier quinquennat du président de la République (le fait de « traverser la rue » pour trouver du travail, de dépenser un « pognon de dingue dans les minima sociaux »...) ne renvoient pas à des « égarements » de communication.

Des politiques socialement régressives…

Dans le même temps, des politiques plus régressives socialement se sont installées dans la durée. Je pense notamment aux coupes sur les APL commencées pendant le quinquennat précédent, d'un montant proche de 4 milliards par an en 2021 et 2022, lesquelles ont été confirmées dans le premier budget 2023 du président réélu, qu'il s'agisse des gels et quasi-gels des années passées, sans rattrapage, de la coupe mensuelle de 5 euros, de la suppression des aides au logement pour les accédants à la propriété, de la réduction de loyer de solidarité (RLS) pour les locataires HLM ou du changement de mode de calcul. Ces mesures purement budgétaires sont incompréhensibles dans le contexte de hausse des coûts du logement que nous connaissons ; elles le sont d'autant plus que les APL constituent des allocations très redistributives et ciblées puisqu'elles s'adressent aux 30 % des ménages les plus modestes de la population.

Politique régressive aussi en matière de soutien aux demandeurs d'emploi. Lors du précédent quinquennat, une première réforme de l'assurance chômage a réduit le montant des indemnités chômage entre deux contrats courts et durci les conditions d'ouverture des droits, conduisant à une baisse des indemnités journalières de 16 % en moyenne d'après l'Unedic. Comme si cela n'était pas suffisant, le nouveau gouvernement a engagé dès l'été 2022 une nouvelle réforme qui s'attaque à la durée d'indemnisation pour une économie annuelle en régime de croisière évaluée à plus de 4 milliards par l'Unedic. Tant que le taux de chômage reste en dessous de 9 %, la durée d'indemnisation diminuera d'un quart (de vingt-quatre à dix-huit mois maximum), selon un principe qui apparaît en façade relativement simple, à écouter Emmanuel Macron : « Quand ça va bien, on durcit les règles, et quand ça va mal on les assouplit. »

Une nouvelle logique d'intervention qui est instaurée à une période où le chômage tend à baisser (ce qui est une bonne nouvelle[1]), mais qui fait tout de même fi de marchés de l'emploi et de taux de chômage qui diffèrent d'un territoire à l'autre. Mais surtout qui risque fort de conduire à réduire le nombre de personnes au chômage indemnisées, alors même qu'avant cette réforme, plus de 60 % des personnes inscrites à Pôle emploi ne percevaient déjà pas d'indemnités. Autant de personnes supplémentaires et parmi elles de nombreux seniors, qui pourraient bien se retrouver alors tributaires des minima sociaux pour vivre, voire pour certains, basculer dans la pauvreté[2]. Plutôt que de jeter l'opprobre sur les

1. Le taux de chômage au sens du Bureau international du travail (BIT) est de 7,4 % (2,3 millions de personnes) au 3e trimestre 2023. Un niveau qui a sensiblement baissé depuis le pic de 2015 (10,5 %). Le nombre de personnes inscrites à Pôle emploi et tenues de rechercher un emploi (catégories A, B, C) s'établit quant à lui à un peu plus de 5 millions de personnes. Parmi elles, 2 818 800 sont sans emploi (catégorie A) et 2 257 800 exercent une activité réduite (catégories B, C). Cette baisse ne doit pas masquer pour autant le fait qu'entre le chômage et le travail s'est consolidé un halo d'emplois plus ou moins précaires, à travers le temps partiel contraint, l'intérim, l'autoentreprenariat et diverses formes d'ubérisation du travail.

2. Selon l'Unedic, les personnes indemnisées au titre de l'assurance chômage perçoivent en moyenne une allocation de 960 euros

demandeurs et demandeuses d'emploi qui « profiteraient » de l'assurance chômage, il serait bienvenu de travailler à lever les freins à la reprise d'emploi, qu'il s'agisse des problèmes d'accès au logement, de mobilité, de santé, de garde d'enfants, de formation, de transition professionnelle, sans oublier le vaste chantier de l'emploi des plus de 50 ans.

Bref, si l'on se penche sur le bilan fiscal et budgétaire du premier quinquennat d'Emmanuel Macron au regard de ses effets sur le niveau de vie des ménages, il apparaît, au vu des calculs de l'Institut des politiques publiques, que les corrections épisodiques de mi-mandat n'ont pas suffi à infléchir le caractère anti-redistributif des mesures pérennes adoptées. Et qu'au final il y a bien des gagnants et des perdants.

C'est notamment le cas parce que les ménages les plus riches ont amplement bénéficié de la réforme de l'impôt de solidarité sur la fortune (ISF) et du prélèvement forfaitaire unique de 30 % sur les revenus du capital (*flat tax*). Et que les actifs de la classe moyenne ont profité de la défiscalisation des heures supplémentaires, des baisses d'impôt sur le revenu et de l'augmentation de la prime d'activité. Les uns et les autres s'étant par ailleurs partagé le bénéfice de la suppression de la taxe d'habitation puisque les ménages modestes en étaient déjà largement exonérés.

---

net par mois, soit un montant inférieur au seuil de pauvreté. Et selon l'Insee, les hommes touchent 1 160 euros par mois en moyenne contre 900 euros pour les femmes indemnisées en raison de postes à temps partiel plus nombreux et de moindres rémunérations.

Disons-le clairement, les gestes consentis aux classes populaires et moyennes, à partager entre des dizaines de millions de personnes, ne sont pas aussi généreux que ceux adressés aux ménages les plus aisés, moins nombreux à se les partager. Et si au regard des travaux de l'Institut des politiques publiques, il apparaît que l'ensemble de la population a vu son niveau de vie augmenter de 1 à 2 % pendant le premier quinquennat d'Emmanuel Macron, deux exceptions sont toutefois notables et choquantes : tout le monde a été aidé sauf les 5 % les plus pauvres qui ont subi les coupes dans leurs prestations sociales et la hausse de la fiscalité sur des produits comme l'énergie ou le tabac sans bénéficier des cadeaux fiscaux (taxe d'habitation, impôt sur le revenu, sur la fortune et les revenus du capital). À l'autre bout de l'échelle des revenus, ceux qui, dans le même temps, ont vu leur niveau de vie s'accroître le plus sont les riches, et même les très riches – les 1 % les plus aisés – avec un bénéfice de 2,8 %.

Sans compter que la mesure en pourcentage de variation du niveau de vie est trompeuse. Augmenter de 1 % le niveau de vie des pauvres et des riches n'engage pas du tout les mêmes sommes. Ramenée en euros distribués chaque année, l'évaluation du quinquennat prend une coloration encore plus inégalitaire. La courbe des cadeaux fiscaux devient proportionnelle aux revenus, distribuant peu aux pauvres et considérablement aux riches, et notamment aux 1 % les plus riches qui encaissent 3 518 euros par an. Si bien qu'au final, les 30 % les plus riches ont capté 12,1 milliards de redistributions, contre seulement 3,8 milliards pour les 30 % les plus pauvres.

Enfin, au nombre des perdants figurent aussi… les caisses de l'État, utilisées à hauteur de 24 milliards d'euros par an pour soutenir les revenus de toutes les couches de la population, sans jamais accroître l'imposition des ménages les plus aisés malgré la forte augmentation de leur épargne. Avec le risque que cette hausse de la dette publique se paie ensuite, au détriment des services publics ou des moyens dédiés à la protection sociale et donc, indirectement, des plus fragiles qui en dépendent le plus.

Mieux redistribuer les richesses est devenu urgent !

Cet aperçu des choix adoptés ces six dernières années en matière de politique fiscale et budgétaire comme de tendances plus anciennes (telle que la baisse régulière de la fiscalité sur la transmission du patrimoine) pose de mon point de vue un immense problème. L'actuel président de la République a affiché clairement la couleur lorsqu'à l'occasion de ses vœux aux Français le 31 décembre 2022, il a indiqué qu'« une société plus juste » ne l'est « pas par plus d'impôts ».

Un point de vue que je ne partage pas, notamment parce qu'il fait fi de la nécessité de mieux redistribuer les richesses, ce qui suppose plus d'impôts au moins pour certains. Mais admettons, et inscrivons-nous dans la logique de ceux qui, constatant que notre pays compte parmi ceux qui prélèvent le plus d'impôts pour financer son modèle social, considèrent qu'il ne faut pas aller au-delà, voire qu'il faut baisser les impôts. Pourquoi faudrait-il pour autant faire de tels cadeaux aux ultra-riches ? Pour qu'ils consomment davantage et servent le développement économique de tous ? Vraiment ? Ou pour qu'ils continuent à accumuler des richesses et de l'épargne comme cela est le cas depuis la crise Covid ?

Pourquoi ne pas imposer davantage ceux qui accumulent toujours plus de patrimoine, notamment immobilier, pendant que d'autres s'enfoncent dans la précarité, dans le mal-logement ou craignent d'y basculer ? Parce qu'ils le méritent bien ? Par principe ? Idéologie ? Parce que l'on n'en a jamais assez ? Pourquoi ne pas imposer plus (même légèrement) la transmission du patrimoine à l'heure où les richesses sont composées deux fois plus d'héritages qu'il y a quarante ans ?

Et pourquoi baisser les aides de l'État à la construction de logements sociaux ou les APL qui s'adressent aux ménages modestes et pauvres dans un contexte où l'accès au logement est devenu aussi difficile et à l'heure où le nombre de personnes sans domicile a doublé en dix ans ? Pourquoi réduire la durée et le montant d'indemnisation du chômage ? Parce qu'ils n'ont qu'à se débrouiller par eux-mêmes ? Se lever plus tôt ?

De mon point de vue, il est urgent de partager davantage les richesses pour se donner les moyens d'avancer dans deux directions : d'une part lutter contre les inégalités et d'autre part se doter de la capacité d'agir face aux défis sociaux et écologiques et être capable de renforcer notre protection sociale comme nos services publics. Et cela passe nécessairement par plus de partage et de justice fiscale.

Une nécessité que pointent de nombreux acteurs politiques, chercheurs, associations et que partagent une part importante de nos concitoyens. Dans le cadre d'un sondage réalisé au printemps 2023 pour le compte du Pacte du pouvoir de vivre[1], 74 % des Français soutiennent la nécessité d'une plus grande progressivité de l'impôt afin d'améliorer le partage des richesses en France. Ce taux atteint 85 % chez les foyers aux revenus moyens/inférieurs et reste majoritaire chez les plus aisés avec un taux de 59 %. Un positionnement qui n'exclut d'ailleurs pas certains citoyens parmi les plus riches.

En 2011, au sortir de la crise des subprimes, une quinzaine de dirigeants français disposant de très hauts revenus avaient signé un texte intitulé « Taxez-nous ! », appelant à la mise en place d'une « contribution exceptionnelle » ciblant les personnes les plus riches. Aux États-Unis, durant l'été 2019, 18 milliardaires américains avaient envoyé une lettre aux différents candidats à la Maison-Blanche pour leur demander la création d'un impôt sur la fortune. Le mercredi 18 janvier 2023, plus de 200 millionnaires issus de treize pays demandaient à être davantage taxés dans une lettre adressée aux dirigeants du monde entier réunis au Forum économique de Davos en Suisse.

Un chantier d'autant plus important que le creusement des inégalités mine la cohésion sociale et que les

1. Sondage de l'Institut Ipsos Sopra Steria réalisé les 31 mars et 1er avril 2023 auprès d'un échantillon de 1 000 personnes, représentatif de la population française âgée de 18 ans et plus. Nous aborderons cette initiative importante qu'est le Pacte du pouvoir de vivre dans le chapitre 12.

efforts demandés, à travers le paiement de l'impôt, ne sont acceptables qu'à condition qu'ils soient justes et proportionnés. Or force est de constater que le sentiment d'un « deux poids deux mesures » se répand comme un poison et aiguise les incompréhensions comme les colères. Nous avons déjà pointé ce sentiment à propos des efforts demandés sur le plan écologique. Mais on constate ce même phénomène pour l'inégale répartition des richesses ou le caractère considéré comme injuste d'une partie des baisses fiscales accordées aux plus aisés ou aux entreprises. Beaucoup de nos concitoyens sont évidemment d'accord pour encourager le développement économique, la création d'emplois, la réindustrialisation de notre pays. Mais une partie des baisses d'impôts, notamment celles attribuées à de très grosses entreprises profitables, sont bien souvent incomprises.

Cela a été le cas lors de la mise en place du crédit d'impôt pour la compétitivité et l'emploi (Cice) sous le mandat de François Hollande, dont le montant a atteint environ 20 milliards d'euros par an en rythme de croisière. Le Cice a certes profité à de petites entreprises mais une part importante de la masse financière (environ la moitié) a été captée par de grosses entreprises, et même de très grosses issues des secteurs pétroliers, pharmaceutiques ou de la grande distribution qui se portent très bien.

Plus récemment, le gouvernement a décidé, après plusieurs années de baisse progressive, de supprimer la cotisation sur la valeur ajoutée des entreprises (CVAE) qui avait rapporté 7,6 milliards d'euros en 2021. Autant de baisses qui viennent à leur tour amputer fortement les ressources de la puissance publique ; et de choix économiques qui ne sont acceptables que s'il s'agit de soutenir des acteurs économiques qui en ont vraiment besoin ou s'ils permettent de développer des chantiers vertueux et ne finissent pas dans les seules poches des actionnaires, à une période où la hausse des dividendes n'a jamais été aussi importante. Des baisses d'impôt et des aides qui par ailleurs sont rarement assorties de contreparties suffisantes, qu'elles soient sociales ou écologiques, alors qu'elles pourraient jouer un effet levier important.

Au fond, la question me semble moins être de savoir s'il est pertinent ou non d'encourager des entreprises et des particuliers via des aides directes ou fiscales dans tel ou tel domaine pour favoriser son développement (création d'emploi, de logements, etc.), que de considérer le caractère juste ou non des mesures envisagées et leur effet levier sur les enjeux sociaux et écologiques.

C'est vrai dans les choix budgétaires et fiscaux faits par les pouvoirs publics chaque année au moment de voter le budget de la nation comme dans les réformes mises en œuvre au fil de l'eau. Nous aurons l'occasion de revenir plus en détail sur l'épisode de la réforme des retraites de 2023 et ce qu'il nous enseigne mais retenons ici, à titre illustratif, que même lorsqu'une partie de la population partage la nécessité de réformer, si les choix effectués ne sont pas justes, la pilule ne passe pas et le soutien s'effrite.

J'ai bien conscience que ces sujets de juste partage des richesses, de fiscalité du patrimoine et des entreprises, de bon usage de la dépense publique sont peu attractifs, difficiles à traiter du fait de leur complexité, voire répulsifs aux yeux de beaucoup. Mais ils sont tellement déterminants qu'il est impératif de dépasser ces obstacles, de susciter des débats publics sur ces sujets et de faciliter leur appropriation collective. Sans quoi, seule une minorité avertie fixe les règles, oriente les moyens de l'État (c'est-à-dire nos moyens à toutes et à tous) au regard de sa propre grille de lecture ou « idéologie » ; voire dans certains cas en fonction de ses intérêts ou, plus exactement, des intérêts de son « univers » d'appartenance.

Lors de la matinale de France Info le 16 avril 2023, j'avais évoqué la nécessité d'arrêter la course aux baisses d'impôts et de partager les richesses ; j'avais insisté sur le fait que nous avions grandement besoin de ces ressources pour mener nombre de chantiers déterminants. À l'issue de l'interview, un journaliste m'a fait part en aparté de sa surprise que ces sujets soient si peu traités dans le débat public et plus encore que lorsqu'ils venaient à émerger, ils étaient « rapidement mis sur la touche comme si cela arrangeait tout le monde de ne pas en parler ». Une analyse que je partage et surtout que je regrette pleinement tant ce sont là des sujets importants et des leviers parmi les plus puissants qui comptent pour répondre aux immenses défis que nous avons à relever.

Disons également que l'émergence d'un monde plus juste impose plus largement un fort interventionnisme de la puissance publique. Sans quoi ce sont les rentiers, ceux qui ont la possibilité de bénéficier de soutiens familiaux, d'héritages importants, de réseaux, de conseils (pensons par exemple aux particuliers aisés qui s'offrent les services de conseilleurs fiscaux pour optimiser leur patrimoine) qui dominent, avec leurs lots d'inégalités.

L'urgence de la question écologique est venue encore davantage renforcer cette nécessité tout comme un fort interventionnisme des États est apparu évident et indispensable aux yeux de tous pour faire face à la crise sanitaire mondiale liée au Covid quand il s'est agi dans de nombreuses parties du monde de soutenir, et dans certains cas de sauver des entreprises, des ménages et l'économie à coups de centaines de milliards d'euros.

Pour conclure ce chapitre, il faut enfin souligner que cette question des inégalités est elle aussi étroitement liée à la question écologique. On constate notamment qu'à l'échelle mondiale, les plus pauvres souffrent davantage que les autres des pertes de revenus liés au changement climatique. Mais aussi que la crise climatique est très fortement alimentée par une minorité de la population aisée puisque « les 10 % les plus riches sont responsables de la moitié (48 %) des émissions mondiales (de gaz à effet de serre)[1] ».

Plus grave encore selon moi, les 1 % les plus riches entraînent à eux seuls 17 % des rejets carbonés, soit plus que la moitié la plus pauvre de la population, qui n'est responsable que de 12 % des émissions de gaz. Sachant enfin que ces mêmes 1 % sont responsables d'un quart de la croissance des émissions entre 1990 et 2019 selon cette même étude.

Des réalités qui appellent un sursaut politique rapide.

1. Étude du Laboratoire sur les inégalités mondiales citée par le journal *Le Monde* du 31 janvier 2023 (« Taxer les plus riches permettrait à la fois de lutter contre le réchauffement climatique et de réduire la pauvreté »).

5

Solidarité et entraide aux oubliettes ? En quête d'un nouveau projet collectif

Il est des combats auxquels on ne doit jamais renoncer.

La solidarité, l'entraide, la protection sociale, la lutte contre les inégalités et les discriminations, bien loin de renvoyer à des valeurs désuètes selon certains, constituent, j'en suis profondément convaincu, de vrais remparts face aux différentes crises que nous subissons, autant que d'authentiques leviers de modernité. Mais force est de constater que ces ambitions sont aujourd'hui bousculées et frappées d'incertitude tant du fait de la montée des exclusions et des inégalités que de l'affaiblissement de leur portage politique.

Certaines questions résonnent douloureusement : que reste-t-il des ambitions de la politique de la ville pensée dans les années 1970 pour répondre aux besoins des habitants des quartiers populaires et lutter contre les ségrégations territoriales ? De l'esprit de la loi sur le logement des personnes défavorisées de 1990 ? Une loi qui, comme le rappelle le ministre Louis Besson qui l'a portée et avec qui j'échange régulièrement, s'était largement construite à partir des difficultés identifiées par les associations sur le terrain dans l'objectif de constituer un filet de sécurité efficace pour les exclus du logement.

Qu'il paraît bien loin ce temps où les associations étaient ainsi écoutées...

Que reste-t-il de l'esprit de solidarité qui a donné naissance au RMI en 1988 dans l'objectif d'offrir des conditions dignes à chacun plutôt que de montrer du doigt les plus démunis à coups d'adjectifs stigmatisants, sans rien régler du problème pour autant ?

Loin de moi l'idée de sombrer dans la nostalgie d'une époque où je n'étais d'ailleurs pas impliqué, ni de faire abstraction des évolutions qui ont marqué notre pays depuis, mais je mesure tout ce que cela a permis de réaliser et l'écart si frappant avec la situation actuelle. Cela, alors même que les personnes qui souffrent de la précarité en subissent bien évidemment autant les conséquences aujourd'hui qu'hier. Mais désormais pour beaucoup, avec le sentiment d'être « un poids pour la société » tant le regard qui est porté sur eux est parfois teinté de suspicions.

Loin de moi l'idée de dire que rien ne se fait non plus. Mais je veux parler ici de l'ambition et de la crainte que tout un pan de l'action publique soit remisé dans l'arrière-cour et finisse peu à peu par s'étioler. La solidarité et la lutte contre les exclusions ne seraient-elles pas assez modernes ? Pas assez disruptives ? On peut toujours en discuter. On peut discuter de tout. Mais une chose est certaine : cela ne contribue en rien à améliorer le sort des exclus, ni à offrir des perspectives pour une société plus solidaire et apaisée. Cela sert en revanche la soupe de débats stériles et de postures bien souvent peu glorieuses.

Quelle ambition pour quels objectifs ?

Alors ayons le courage, ici et partout ailleurs, de poser les questions. Quelle est aujourd'hui l'ambition sur ce front de la solidarité avec les plus fragiles ? Quelle est la dynamique qui serait en mesure de susciter une mobilisation collective ? Quelles perspectives peut-on donner aux personnes sans domicile qui frappent aux portes des accueils de jour de la Fondation Abbé Pierre ? Peut-on leur dire que de gros chantiers sont en cours de développement, avec une forte ambition qui devrait progressivement porter ses fruits pour eux et leurs enfants ?

Difficile de tenir un tel discours tant l'ambition manque, tant le secteur de l'action sociale est fatigué de n'avoir souvent que quelques petits bouts de solutions à proposer à ceux qui souffrent alors que tant de monde dans le besoin attend son tour.

Une autre question me taraude en regardant dans le rétroviseur de ces six dernières années : la philosophie d'action portée par le gouvernement en matière de lutte contre les exclusions. Lors du lancement de la stratégie de lutte contre la pauvreté dont nous avons parlé dans le chapitre précédent, j'avais été particulièrement surpris par le fait qu'une large part de l'action envisagée visait à lutter contre la reproduction des inégalités ; l'idée sous-tendue étant que sortir durablement de la pauvreté était rendu particulièrement difficile dans notre pays. Le constat reposait notamment sur une étude intitulée « Un ascenseur social cassé ?[1] », laquelle donnait à voir qu'il fallait en moyenne cinq générations aux habitants de l'OCDE pour sortir de la pauvreté et atteindre le revenu moyen de leurs concitoyens ; tout en pointant qu'en France c'est plutôt six générations. Le président de la République avait déjà eu l'occasion de développer cette analyse lors d'un déjeuner à l'Élysée auquel j'avais participé avec d'autres acteurs sociaux quelques mois plus tôt en insistant sur le fait qu'il fallait combattre cette faible mobilité sociale.

Fort de cette louable intention, la « stratégie pauvreté » déployée par le gouvernement a consisté à agir sur des leviers censés enrayer cette reproduction des inégalités : dédoublement de classes en réseaux d'éducation prioritaire (REP), petits-déjeuners gratuits dans des écoles de quartiers prioritaires de la politique de la ville, aide à la petite enfance, soutien au développement de places en crèche, renforcement des missions de la Protection maternelle et infantile… Auxquels sont venues s'ajouter d'autres mesures dont nous avons déjà eu l'occasion de parler.

Sur le fond, l'idée d'enrayer la reproduction de la pauvreté et de s'attaquer aux racines du mal est plutôt intéressante. Mais à condition de ne pas laisser tomber ceux qui sont dans la précarité, ici et maintenant. Lors de la préparation puis de la présentation de cette stratégie de lutte contre la pauvreté, il m'avait d'ailleurs

1. OCDE, « L'ascenseur social cassé ? Comment promouvoir la mobilité sociale », juin 2018, https://www.oecd.org/fr/social/l-ascenseur-social-en-panne-comment-promouvoir-la-mobilite-sociale-bc38f798-fr.htm

semblé que le gouvernement n'opposait pas les deux approches. Mais au fil des années, face au refus de soutenir plus fortement les bénéficiaires du RSA en augmentant la prestation (à titre de comparaison, lors du quinquennat de François Hollande le choix avait été fait d'augmenter le RSA de 10 %) et constatant des choix peu favorables aux personnes sans emploi (à qui il faudrait réduire les allocations chômage) ou bénéficiaires des minima sociaux (à qui il faudrait imposer des contreparties), le doute s'est immiscé quant à la volonté d'apporter une réponse ambitieuse et immédiate à ceux qui souffrent aujourd'hui. De sorte que cette partie du discours d'Emmanuel Macron lors du lancement de la stratégie pauvreté que j'ai retrouvée en écrivant ces lignes résonne désormais différemment : « Moi, je ne veux pas qu'on fasse un plan pour que les gens pauvres vivent mieux pauvres. Je veux qu'on leur donne le choix et la possibilité, parce qu'ils le veulent, de ne plus l'être. » Nouvelle orientation de la politique sociale ? Effet de communication ? Discours avant tout adressé à une opinion qui considère pour les deux tiers que « l'on évolue vers trop d'assistanat[1] » ? Moyen de renvoyer à plus tard les dépenses visant à soutenir les ménages pauvres ?

Chacun se fera sa propre analyse.

1. « Fractures françaises » : un pays mécontent mais qui montre les premiers signes de décrispation, https://www.lemonde.fr/politique/article/2022/10/04/fractures-francaises-le-portrait-contraste-d-un-pays-en-colere_6144274_823448.html

De l'incompréhension à la honte…

La situation que nous vivons aujourd'hui ne trouve évidemment pas son origine dans l'élection d'Emmanuel Macron. Le processus est bien plus long, complexe, latent, agissant comme une lame de fond. Dès lors, pourquoi l'ambition de bâtir une société plus juste et plus solidaire, qui a fortement animé la sortie de la Seconde Guerre mondiale (via notamment le programme du Conseil national de la résistance adopté en 1944) et dont les motivations étaient encore vives dans les années 1980 et 1990, semble avoir perdu de sa vivacité ?

Le premier sentiment qui domine est que nous avons tendance à perdre de vue la dimension collective de ces enjeux, nous y reviendrons. Mais aussi de plus en plus à renvoyer la responsabilité de leur situation difficile sur les individus et la sphère privée, ce qui provoque chez beaucoup de l'incompréhension, un malaise, voire un sentiment de honte. Nous avons déjà vécu des phénomènes de même nature dans notre histoire récente. Je pense par exemple à la manière dont les chômeurs étaient montrés du doigt lorsque le chômage de masse s'est installé dans les années 1980. Le chômage est évidemment la conséquence de multiples facteurs dont une grande partie dépasse la dimension individuelle et tient à des évolutions sociales et économiques (désindustrialisation, inadéquation entre formation et besoins des secteurs économiques pourvoyeurs d'emploi, mondialisation et spécialisation des productions, robotisation, digitalisation des tâches, etc.). Le mouvement des chômeurs, qui a été particulièrement actif au milieu des années 1990 (manifestations, occupations de locaux, etc.), a justement permis de redistribuer un peu les cartes entre responsabilité individuelle et facteurs socio-économiques, et ainsi contribué à atténuer la stigmatisation des personnes au chômage[1].

Ce malaise, j'ai pu le ressentir à maintes reprises lors de rencontres avec des personnes en situation d'exclusion. Je pense notamment à ces mères et pères de famille qui ont honte des conditions de vie et de logement qu'ils offrent à leurs enfants. Il faut dire qu'il est douloureux d'entendre ses enfants vous demander pourquoi ils n'ont pas de cadeaux comme les autres à Noël ? Pourquoi ils ne vont jamais au restaurant ou au cinéma ? Pourquoi il y a des rats et des cafards dans leur appartement qui viennent les visiter en pleine nuit jusque dans le creux des oreilles ? Pourquoi on ne déménage pas alors que le médecin a bien dit que « s'il tousse tout le temps c'est à cause de l'humidité du logement » ? Pourquoi ils n'ont pas leur propre chambre et doivent supporter leurs petits frères et sœurs alors qu'ils ont 17 ans ? Pourquoi ils vivent à l'hôtel et en changent tout le temps ? Ou pire encore, pourquoi ils n'ont pas de logement du tout ?

Ces réalités sont insupportables. Des personnes se battent pour tenter de s'en sortir et la honte s'ajoute aux difficultés du quotidien. Les larmes me sont montées bien des fois devant de telles injustices. Des larmes mais

1. Mouvement soutenu par le sociologue Pierre Bourdieu qui indiquera, le 17 janvier 1988, à l'occasion d'un discours adressé aux chômeurs qui occupaient l'École nationale supérieure à Paris : « Un des fondements de l'ordre économique et social est le chômage de masse et la menace qu'il fait peser sur tous ceux qui disposent encore d'un travail. »

aussi de la colère. De la colère à l'égard de ceux qui continuent à croire que ce serait grâce à leur détermination et à la seule force de leurs poignets qu'ils jouissent aujourd'hui de leur confortable situation ; et que les personnes en situation d'exclusion gagneraient à faire de même plutôt que de continuer à se plaindre ou demander toujours plus d'aides.

C'est évidemment bien mal connaître le courage quotidien dont font preuve ceux qui doivent s'en sortir tant bien que mal pour survivre. C'est un peu vite oublier tout ce que nous a appris un siècle de sociologie sur la reproduction sociale, sur le fait de naître dans un univers qui nous a offert (ou pas) le capital culturel et social qui favorise grandement la capacité à trouver une bonne place dans la société ; autant d'analyses dans lesquelles les fervents défenseurs de la « méritocratie » seraient bien inspirés de se replonger.

Oublier aussi le poids des discriminations dans l'accès au logement, à l'enseignement supérieur, à l'emploi, à la santé…

Oublier enfin à quel point le fait d'avoir ou non un réseau pour trouver un stage, un emploi, un logement ou un coup de main dans les moments difficiles est déterminant.

Ce que nous vivons aujourd'hui à travers la mise à l'index des bénéficiaires du RSA qui « profiteraient du système », qui « s'ancreraient dans un assistanat coupable », recoupe cette vision dont souffrent les chômeurs. Avec des effets délétères pour ceux qui ont honte de demander le RSA ou de frapper à la porte des distributions alimentaires : certains en viennent à se justifier, presque à s'excuser ; d'autres font le choix de refuser de recourir à ces aides, ne voulant pas être considérés comme « profitant du système ». Je repense notamment à Fabienne, cette mère de deux enfants, seule, avec qui j'ai eu l'occasion d'échanger lors d'une émission en octobre 2022 sur la radio RTL. Âgée de 56 ans, Fabienne vit à Châtellerault dans la Vienne. Elle exerce une activité d'employée de maison auprès de sept employeurs différents dont elle tire un peu plus de 1 200 euros par mois. Le fait de jongler entre ses enfants et ses multiples emplois, la faiblesse de sa rémunération, le coût de son logement (550 euros sans les charges) et la montée du prix du carburant alors qu'elle doit parcourir de nombreux kilomètres pour rejoindre les domiciles où elle intervient, l'ont mise dans une situation très difficile. Pourtant, elle dit ne pas vouloir solliciter d'aides sociales pour ne pas avoir l'air d'en « profiter ». Comment en sommes-nous arrivés là ?

« Salauds de pauvres ! »

C'est aussi cette vision du monde qui impose de plus en plus de devoir justifier ou convaincre de la pertinence de certaines aides et de leurs modalités d'attribution. C'est notamment le cas de ces aides ponctuelles ou de ces chèques ciblés sur certaines dépenses : le chèque énergie, l'allocation de rentrée scolaire, bientôt peut-être un chèque alimentation… Ces aides sont évidemment utiles pour ceux qui en bénéficient, comme nous l'avons déjà souligné. Elles témoignent aussi du fait que la société reconnaît que certains ont besoin d'être soutenus. Mais ces pansements sont loin de permettre une réelle émancipation des personnes en difficulté et d'envisager qu'elles puissent durablement vivre dignement. Elles revêtent parfois un caractère infantilisant, avec en toile de fond l'idée implicite qu'il faille s'assurer que les bénéficiaires n'en fassent pas un autre (un mauvais ?) usage, d'où leur ciblage.

C'est particulièrement le cas de l'allocation de rentrée scolaire qui chaque année, en plein été lors de son versement, donne lieu à des débats stériles sur le bon ou le mauvais usage que les bénéficiaires font de cette aide d'environ 400 euros : les parents vont-ils vraiment acheter des cahiers, des livres, une calculatrice, des stylos ? Cet argent ne risque-t-il pas de servir à autre chose : de la malbouffe, un écran plat, un nouveau téléphone, de l'alcool ? « Salauds de pauvres », toujours prompts à l'oisiveté et si peu responsables…

Le fait que cette vision soit de plus en plus répandue dans le débat national, les discours politiques, les médias, finit par infuser les esprits dans la société et à ériger en « vérité simplifiée et homogénéisante » ce qui relève en réalité d'une grande complexité et d'une infinie diversité de situations, de parcours et de souffrances.

Ce sont en partie les mêmes ressorts qui ont accompagné la réforme de l'assurance chômage de ces dernières années dont nous avons pointé l'impact dans le précédent chapitre. Là aussi, le sous-texte est difficile à supporter pour les personnes concernées : « Les chômeurs ne cherchent pas assez vaillamment du travail. Pourquoi le feraient-ils vu qu'ils sont indemnisés ? » ; « La preuve : il y a plus de 300 000 emplois non pourvus dans notre pays, et toujours de nombreux chômeurs ».

Cette figure du chômeur « fainéant et assisté » fait florès au sein d'une partie non négligeable de l'opinion qui, s'appuyant sur des exemples sans doute vrais pour certains (même s'ils restent isolés au regard de la masse des personnes inscrites à Pôle emploi), fait monter le sujet en généralité et tend à légitimer, de fil en aiguille, une réduction des protections.

Pourtant, qui regarde de près où sont ces emplois non pourvus et les territoires où le chômage est le plus élevé ? Qui se préoccupe du décalage entre postes disponibles et qualifications des personnes en recherche d'emploi ? Des conditions d'emploi offertes dans certains secteurs en tension (le bâtiment, la restauration, etc.) ? Secteurs qui dans bien des cas ont été contraints de faire évoluer leurs pratiques à la sortie de la crise Covid face aux défections d'employés qui avaient pris conscience pendant le confinement de la dureté de leurs conditions de travail : faible rémunération, horaires décalés, pénibilité, week-ends travaillés. Qui sait que plus de la moitié des personnes inscrites au chômage ne sont pas indemnisées ?

Ce que je veux dire ici est qu'il ne faut jamais sous-estimer l'impact du cheminement des idées simplistes et stigmatisantes, voire des fausses bonnes idées, sur les décisions politiques et administratives prises au fil du temps. Or, en la matière, je crains que nous soyons en train de perdre une partie de la bataille tant dans le débat public les pauvres et les chômeurs sont de plus en plus montrés du doigt, soupçonnés de mauvais comportements mais aussi in fine, mis sous surveillance collective. Car au-delà du fait que ce contexte conduit à de bien piètres débats et à des réductions de voilure des aides, il provoque une demande de contrôles accrus qui conduit à augmenter le non-recours aux prestations du fait, entre autres, de la complexification des procédures.

Cessons d'opposer les populations entre elles

On constate d'ailleurs que la situation est bien différente lorsqu'il s'agit de soutenir les classes moyennes. Aider les classes moyennes fait appel à des représentations d'un tout autre ordre avec notamment l'idée que ces dernières seraient « trop pauvres pour être aidées et pas assez riches pour vivre convenablement ».

Peut-être. Là aussi, on peut discuter du sujet. Sachant que comme nous l'avons indiqué précédemment, les dépenses contraintes à payer en début de mois (loyer, charges, assurance, téléphone, carte de transport, etc.) assèchent effectivement les budgets et les marges de manœuvre de nombreux ménages appartenant aux classes moyennes inférieures. Mais c'est ici la vision du monde social, la rhétorique et ses conséquences, sur lesquelles je souhaiterais insister.

Au fil des années et des discours, on perçoit bien comment de plus en plus de responsables politiques veillent à ne pas être pris « en flagrant délit de toujours aider les mêmes », c'est-à-dire les pauvres, sous-entendu ceux qui ne feraient pas suffisamment d'efforts pour s'en sortir. Oubliant un peu vite la dureté de leurs difficultés quotidiennes et les facteurs individuels, comme collectifs, qui les ont conduits dans cette situation. Laissant aussi implicitement entendre qu'aider les classes moyennes contournerait, de fait ou par enchantement, les risques d'assistanat observés lorsque l'on soutient les pauvres.

Le risque, en entretenant une telle vision du monde, est de renforcer les oppositions de catégories de population entre elles alors même que par définition, toute catégorisation est théorique, que les appartenances à l'une ou l'autre sont poreuses et les situations mouvantes. Le risque est aussi de faire monter les tensions et les mises à distance des uns vis-à-vis des autres en renforçant la segmentation du corps social et en jouant sur la peur du déclassement ou les inquiétudes de ceux qui craignent pour leur sort face aux crises qui s'accumulent. Les formules du type « On aide toujours les mêmes », « Il n'y en a que pour eux », « Nous, on n'a jamais rien » font là aussi florès, attisant les antagonismes et nous situant à mille lieues de l'objectif de protéger les plus précaires tout en soutenant les plus modestes, de favoriser leur émancipation et de cultiver la cohésion sociale.

Et c'est là où le rôle du politique est essentiel. Avec deux options radicalement différentes. Soit il contribue à diviser et opposer les catégories de population entre elles en mettant à l'index des boucs émissaires, en cultivant les fantasmes, les égoïsmes et la tentation du repli sur soi pour se protéger du risque de déclassement. Soit il cherche à entretenir le terreau qui permet de faire société, à consolider ce qui nous rassemble plutôt que ce qui nous divise, à apaiser en développant les protections qui rassureront autant les pauvres que les classes populaires et les classes moyennes inférieures, partant du principe que nous vivons tous dans le même bateau et que les positions au sein de la société ne sont pas aussi figées qu'elles ne peuvent en avoir l'air.

J'ai bien peur que ce soit le premier scénario qui domine aujourd'hui. Que nous ayons tendance à abandonner une partie des motivations sociales et solidaires qui nous ont animés pendant de longues décennies. À force d'opposer les populations entre elles et de chercher des coupables à tous nos maux, plutôt que de déployer les protections collectives et les adapter au monde d'aujourd'hui, le risque est de finir par perdre de vue la dimension collective de l'action publique.

À force de dire que les demandeurs d'emploi pourraient travailler mais ne cherchent pas, qu'il « suffit de traverser la rue » ou « de faire le tour du Vieux-Port » pour trouver un emploi, que les bénéficiaires du RSA sont des « assistés », que les exilés « ne seraient pas légitimes » alors qu'ils fuient les guerres, la misère, etc., on renvoie de plus en plus la responsabilité vers la sphère privée, on segmente la société, on perd de vue les facteurs qui ont conduit à ces situations et les questions économiques, sociales et politiques que cela pose ; et au final, on affaiblit la dimension de solidarité collective. D'ailleurs, au-delà même du malaise que peut provoquer chez les personnes concernées le fait d'apparaître comme un poids pour la société, cela touche aussi certains acteurs de l'action sociale qui, en plus de la dureté de leur mission quotidienne, s'interrogent parfois sur le sens de leur action dans cet univers de la solidarité bien chahuté. Un doute, un flottement qui crée parfois du découragement, de l'épuisement, voire de la désaffection.

J'apprécie peu de participer au mouvement qui tend à laisser penser que « c'était mieux avant », dans la mesure où la peur du changement n'est pas vraiment bonne conseillère et qu'une telle posture conduit rarement à faire le tri entre ce qui évolue positivement et ce qui pose de nouveaux défis auxquels s'atteler. C'est souvent le cas en ce qui concerne les évolutions technologiques. Cela l'a par exemple été lors de l'émergence d'Internet, qui a suscité – à juste titre – d'importantes inquiétudes (accès facilité à des contenus malveillants, accélération de la désinformation, etc.) mais aussi d'immenses avancées (accès à l'information, nouvelles possibilités de communiquer pour ceux qui étaient dépourvus de cette faculté ou développement de la science). Cela a aussi été le cas avec l'intrusion de la télévision dans les foyers, l'émergence des plateformes de diffusions musicales qui ont marqué l'effondrement du disque mais pas de l'industrie musicale ni de la création ou plus récemment avec le développement de l'intelligence artificielle.

Mais sur le sujet qui nous occupe ici, j'ai beau cherché en quoi les évolutions récentes pointées dans ce chapitre et le chemin que prend le débat dans la société pourraient ouvrir des perspectives positives, je ne trouve pas. La perte de vue du collectif et de l'importance de la solidarité comme le renvoi de ces notions à une vision du monde appartenant à « un autre temps » me paraissent bien périlleux, à tous les étages. Pourquoi ?

Tout simplement parce que, par opposition, cela reviendrait à considérer que chacun doit pouvoir se débrouiller par soi-même, nous ramenant précisément à un autre temps, celui de la débrouille, celui des rentiers et des favorisés qui ont eu la chance d'être nés ici et pas ailleurs ; laissant sur le bord de la route ceux qui souffrent aujourd'hui de leurs difficiles conditions de vie…

Un modèle social qui serait devenu un luxe ?

La pauvreté, le mal-logement et le creusement des inégalités ne menacent pas à ce stade notre modèle de société au sens où l'on assisterait à un effondrement total de notre protection sociale. La France reste l'un des pays où cette protection est parmi les plus importantes au monde. Mais ils créent de grands dégâts pour les personnes qui les subissent (ce qui de mon point de vue suffit à justifier en soi une action plus ambitieuse). Surtout, on constate une lente déliquescence qui pourrait être dévastatrice si on n'inverse pas le cours des choses. Pour comprendre ce que je tente de dire ici, on peut faire le parallèle avec des réalités plus palpables par tout un chacun, tout simplement parce qu'elles nous concernent plus directement.

Je pense à la situation de l'hôpital par exemple. Le service hospitalier dans notre pays est de grande qualité si on le compare à bien des pays du monde, y compris géographiquement proches de nous. Et il en va de même de notre système de santé. Mais sans être spécialiste du sujet, chacun perçoit, alerté par les personnes qui en assurent le fonctionnement au quotidien ou au regard de ses propres expériences d'usager, l'affaiblissement dont il est l'objet comme les risques qui pèsent à terme sur sa dégradation. L'affaire Orpéa, qui a éclaté au grand jour en janvier 2022[1] en donnant à voir les mauvais

1. Suite à la sortie de l'enquête de Victor Castanet *Les Fossoyeurs. Révélations sur le système qui maltraite nos aînés* (Fayard, 2022) qui a reçu le prix Albert-Londres 2022.

traitements infligés à des résidents d'établissements d'hébergement pour personnes âgées dépendantes de ce groupe, constitue une autre illustration des conséquences de la marchandisation du secteur sanitaire et social et de la nécessité d'une forte intervention de la puissance publique tant en matière de pilotage que de contrôle.

On pourrait faire d'autres parallèles. Par exemple sur la question scolaire en pointant la diminution des rémunérations des enseignants débutants au cours des quatre dernières décennies, laquelle est passée d'un équivalent de 2,3 fois le Smic à 1,2 fois aujourd'hui. Ou encore avec l'enseignement universitaire, en constatant que malgré une hausse globale du budget, la dépense moyenne par étudiant a diminué de façon régulière depuis le début des années 2010 du fait de l'augmentation du nombre d'étudiants.

Sans compter qu'il faut veiller à ce que des responsables politiques ne soient pas tentés de jouer aux « apprentis sorciers » et en viennent à fragiliser durablement et de façon irréversible notre modèle social, partant du principe qu'il faudrait le mettre au niveau moyen des pays européens (en procédant à un nivellement vers le bas) et ce, sous prétexte qu'il coûterait trop cher ou qu'il encouragerait l'assistanat. C'est en tout cas le sentiment que j'ai eu à plusieurs reprises en discutant avec différents représentants politiques ou de grands corps de l'État. Sans que cela soit exprimé de façon explicite, l'impression laissée a parfois été que le modèle social français serait un luxe qui appartiendrait à un autre temps ; en raison du niveau d'endettement du pays, mais pas seulement.

Cela a par exemple été le cas lors d'une réunion organisée dans le cadre du Conseil national de la refondation où j'ai posé la question de l'évolution des aides de l'État dédiées au logement à un haut fonctionnaire de l'État venu nous parler de la protection sociale en France. J'avais pointé le fait que, sur le logement, ces aides avaient baissé de 4 milliards en 2022 et que l'on en était désormais rendu au pourcentage du PIB dédié au logement le plus bas depuis que cet indicateur existe. Le représentant de l'État a alors répondu : « Oui ces aides ont baissé mais elles avaient fortement augmenté dans les années 1990. » Une réponse qui ne tient pas compte de l'élargissement du nombre de bénéficiaires de ces aides du fait du chômage de masse qui avait marqué l'époque. Qui ne tient pas compte du fait que si ce budget avait ainsi augmenté c'était parce que davantage de personnes, du fait de leurs situations sociales, étaient entrées dans le champ de cette aide. Et que baisser ces aides conduit tout bonnement à moins protéger des personnes qui en ont besoin…

Des visions macroéconomiques, nourries à coups de tableurs Excel, qui font fi des besoins et de la réalité et qui entrent en contradiction avec l'idée d'une protection sociale accompagnant les évolutions du monde réel. Des visions bien éloignées de l'objectif de renforcement de nos protections et de l'ambition de garantir un avenir digne aux personnes les plus fragiles. Or il me paraît essentiel de tout faire pour que la France continue à occuper une place de premier rang dans le domaine de la protection sociale et contribue à tirer vers le haut d'autres pays, notamment en Europe.

Dès lors, la question qui se pose est de savoir comment faire pour inverser la tendance et quels leviers mobiliser pour redonner un nouvel élan à notre modèle social.

Il me semble pour cela avant tout indispensable de cultiver les solidarités pour ensuite les renforcer ; mais aussi de revisiter et régénérer notre modèle de protection au regard des nouvelles réalités du monde : ubérisation de la société, enracinement du phénomène des travailleurs pauvres, nouvelles fragilités liées au logement, urgences écologiques, évolution des phénomènes migratoires, etc. Autant de questions essentielles qui ont cruellement fait défaut lors de la trop brève campagne présidentielle de 2022 et qu'il est urgent de remettre sur le devant de la scène.

Il nous faut par ailleurs trouver les attraits d'un nouveau récit mobilisateur qui permette de susciter un élan collectif, comme cela a par exemple été le cas lorsque, face à un ennemi commun (le Covid), la société a fait preuve d'une grande solidarité et d'une forte mobilisation collective qui – au passage – se sont avérées efficaces au-delà même du « quoi qu'il en coûte », nous aurons l'occasion d'y revenir.

Il faut aussi réaffirmer haut et fort que la solidarité et la protection sociale constituent de vrais remparts modernes. Qu'elles ne relèvent pas d'un quelconque « angélisme » mais trouvent leur source dans un « humanisme de bon sens », un pragmatisme alimenté par l'analyse de ce qui fonctionne au quotidien sur le terrain et qui est porté par l'envie profonde d'une part non négligeable de la société. Il est en effet bien commode pour certains de balayer le sujet en laissant entendre que ce serait une question idéologique ou politique au sens partisan (en gros « des idées de gauche » comme cela m'est parfois rétorqué). Pour ma part, je pense que cette vision du monde trouve sa source dans la recherche d'efficacité au regard de ce qui aide à faire fonctionner la société et garantir son bon développement. Une telle orientation demande également du courage pour être portée dans la durée contre des vents contraires que nous allons chercher à mieux comprendre dans les chapitres qui suivent.

Enfin, nous avons besoin de créer des espaces de dialogue et de susciter du débat (auquel je tente de contribuer en publiant ces lignes) autour de cette vision du monde et sa projection positive vers laquelle elle pourrait nous mener. Créer du débat, c'est dire les choses, montrer que l'on assiste à une déliquescence de certaines dynamiques collectives et à un risque d'affaiblissement progressif des solidarités. Mais aussi qu'il y a, et nous y reviendrons, de nombreux leviers qui fonctionnent et mériteraient d'être renforcés ; une multitude d'envies et de réalisations qui sont le fait de citoyens, de jeunes ou moins jeunes, d'associations, d'entreprises, de maires… qui n'attendent qu'à être mises en visibilité, soutenues et démultipliées. Créer des espaces de débats et de visibilité pour redonner du sens à ce choix de société et susciter des dynamiques qui permettent d'embarquer le plus de monde possible dans cette vertueuse direction.

Voilà un dessein qui me paraît aussi nécessaire que stimulant ; sans angélisme ni naïveté quant à la capacité de gagner cette bataille mais en se rappelant, comme le disait Albert Einstein, que « le monde que nous avons créé est le résultat de nos pensées. Il ne peut pas être changé sans que l'on change notre manière de penser». En ayant également pleinement conscience qu'aussi essentielle soit-elle, la pensée seule ne suffira pas ; et que le ciment que constitue l'envie de faire société appelle nécessairement une forte volonté politique portée par un architecte volontaire et de bons maçons capables de s'en servir pour bâtir et consolider la maison commune. Y compris lorsqu'il s'agit de sujets difficiles parce qu'ils ne concernent qu'une minorité de personnes (les pauvres, les mal-logés, etc.) ou des questions clivantes (celles liées aux migrations par exemple) qui imposent de dépasser les sondages ou l'écume médiatique.

Il me semble enfin nécessaire d'agir en puisant dans les fondamentaux et en s'appuyant sur les fondations sur lesquels repose notre modèle social et politique : la solidarité, la fraternité, l'égalité, la liberté et le droit sédimenté au fil des décennies pour protéger la société des soubresauts de l'actualité.

6

Engager une nouvelle philosophie d'action (1)
Mieux répartir les richesses pour une nouvelle politique de solidarité

Au moment d'aborder les chapitres de ce livre consacrés aux solutions qui me paraissent efficaces et à notre portée, les questions qui émergent sont nombreuses et parfois vertigineuses…

Que faire pour que ce nouveau projet collectif s'impose et redevienne une priorité ? Comment relancer une nouvelle dynamique qui permet de s'attaquer fermement aux multiples crises auxquelles nous avons à faire face ? Comment susciter de l'envie, de l'espoir et la mobilisation du plus grand nombre autour des enjeux de solidarité, de fraternité et de respect de notre planète ?

Autant de questions qui en recoupent d'autres autour de la citoyenneté aujourd'hui, du rôle de la société civile et de l'exercice de la démocratie. Mais aussi du politique, de sa responsabilité dans la marche de notre monde, des priorités qu'il se donne et de l'efficacité de l'action publique.

Débloquer notre société, avancer concrètement vers le bien commun impose par ailleurs de bien identifier les freins et les obstacles qui rendent difficile l'essor de telles politiques pour parvenir à mieux les dépasser.

Se pose enfin la question des chantiers prioritaires à initier pour changer réellement la donne.

C'est par ce dernier point que je propose de débuter. Non pas en déclinant les dizaines ou centaines de mesures techniques qu'il serait possible ou nécessaire de mettre en œuvre. Mais en repérant les principaux registres d'action qui pourraient guider l'action publique afin de donner naissance à un projet de société plus juste et équilibré.

Cette étape me semble indispensable au sens où elle doit précéder la mise en place des mesures. En effet, j'ai souvent pu constater à quel point la technicité n'est pas le premier des problèmes auquel nous sommes confrontés. Il y a dans ce pays comme dans beaucoup d'autres une masse de connaissances, d'analyses, d'évaluations, de comparaisons internationales, d'intelligences et de compétences à même d'établir les manières de procéder pour mettre en œuvre telle ou telle politique et répondre à tel ou tel objectif.

Rien que dans mon environnement proche, je pense aux 90 propositions formulées dans le cadre de l'élection présidentielle de 2022 par les 60 organisations rassemblées au sein du Pacte du pouvoir de vivre sur le transport, le logement, le travail, les solidarités, l'éducation, la santé, l'accueil des personnes exilées, la fiscalité, le développement économique, la biodiversité ou l'agriculture[1]... Mais aussi aux travaux du collectif Alerte en matière de lutte contre les exclusions et au

1. https://www.pactedupouvoirdevivre.fr/projet/propositions

rapport annuel de la Fondation Abbé Pierre qui formule de nombreuses propositions sur le logement et l'habitat ; comme le font beaucoup d'autres organisations sur bien des domaines de la société...

Je pense aussi aux productions d'institutions ou organismes français (le Conseil économique, social et environnemental, France Stratégie...), européens ou internationaux, aux laboratoires et organismes universitaires, aux fondations d'études et de recherches, aux missions ponctuelles entreprises par la puissance publique...

La littérature, les rapports dans lesquels puiser ne manquent pas à qui voudrait bien réfléchir avant de mettre concrètement en œuvre telle ou telle politique ; ce qui constitue une immense richesse. Mais là n'est pas l'exercice que je souhaite faire ici. Il s'agit plutôt de se situer un cran au-dessus dans la perspective d'alimenter le débat en partant des constats, des besoins, mais aussi des solutions que j'ai pu identifier au fil de mes activités professionnelles.

L'idée n'étant pas non plus de tendre vers l'exhaustivité mais plutôt de repérer les registres d'intervention qui semblent particulièrement manquer ou susciter des résistances, ce qui nuit au bon fonctionnement de la société.

La recherche du bon équilibre...

De mon point de vue, la répartition des richesses constitue l'un des axes centraux et vitaux pour l'élaboration d'un projet de société équilibré et apaisé.

Central au sens où elle est l'une des principales traductions concrètes de ce qui contribue à faire société et à faire en sorte que les inégalités de destin, quelle qu'en soit l'origine, soient en partie atténuées : être né dans une famille plus ou moins pauvre, disposer ou non de ressources financières (soutien familial, héritage) ; avoir plus ou moins subi des épreuves ou des accidents de la vie (problème de santé, obligation de s'occuper d'un proche, handicap) ; avoir plus ou moins de ressources culturelles (diplômes, formations, savoirs) pour s'adapter au monde et ses contraintes.

Vital ensuite parce que l'on ne peut faire évoluer notre protection sociale et tout ce qui contribue au bien commun (la santé, l'éducation, la sécurité, la solidarité, la retraite, etc.) sans ressources suffisantes.

Vital encore parce que nous mesurons tous de plus en plus à quel point les enjeux écologiques imposent des investissements colossaux, tant pour accélérer les transitions (rénover les bâtiments et les logements, transformer notre agriculture, faire évoluer nos transports, etc.), pour accompagner les secteurs économiques dans ces transformations et limiter les destructions d'emploi, que pour protéger les plus fragiles et ne pas les laisser sur le bord du chemin de ces évolutions.

L'ambition, plus ou moins grande, que l'on se donne collectivement en matière de répartition des richesses est l'une des traductions majeures de la dimension collective dont on se dote pour faire société, corriger en partie les inégalités qui la traversent et rompre le cycle de destruction de la planète.

Tout en sachant que l'équilibre relatif au bon niveau de partage des richesses et des responsabilités n'est pas facile à trouver et qu'il percute de plein fouet de nombreuses autres considérations : sur la dimension du mérite et de l'effort (le registre de la méritocratie versus celui de l'assistanat), sur la solidarité (au nom de quoi et jusqu'où devrais-je aider des personnes que je ne connais pas ?), sur la bonne allocation des ressources (investir pour favoriser la création de richesses qui sera à terme profitable à tout le monde versus la nécessité de partager les richesses pour financer la réponse aux besoins de la société).

L'écologie aussi est traversée par des enjeux d'équilibre. Se pose par exemple la question du niveau de contributions des entreprises pour financer la transition écologique (via l'impôt, via les aides qu'elles sont susceptibles de recevoir ou en fonction de leur atteinte des objectifs fixés par la puissance publique), selon le caractère plus ou moins polluant de leur activité ou le degré d'atteinte à la biodiversité qu'elles provoquent (par exemple le déboisement lié à certaines activités économiques).

Sur le plan climatique, des mécanismes de compensation ont par exemple été mis en place en Europe depuis une vingtaine d'années. C'est le cas du système d'échanges de quotas de carbone selon le principe du « pollueur payeur » ou de celui des certificats d'économie d'énergie qui vise à faire baisser les émissions de gaz à effet de serre et, en cas de non-respect des obligations, conduit à payer des pénalités proportionnelles aux objectifs non atteints.

Du côté des particuliers, on peut penser à la manière de dissuader, via la fiscalité, le fait de recourir à des jets privés, à des voitures très lourdes donc très polluantes.

Et à l'inverse d'encourager, à coups d'aides ciblées, les pratiques vertueuses.

Si les outils et les leviers qui permettent de responsabiliser les entreprises, les pouvoirs publics comme les particuliers, tout en générant de nouvelles ressources, vont nécessairement devoir évoluer dans les prochaines années, ces enjeux de bon équilibre et d'acceptabilité vont à leur tour monter en puissance.

Car demander des efforts de sobriété à l'ensemble de la société, ou décider d'allouer d'importantes ressources de la puissance publique (et donc de nos ressources à tous) pour soutenir tels ménages ou tels acteurs économiques, impose que les mesures prises soient le plus juste possible. A contrario, le fait de voir certaines entreprises – ou une minorité bien lotie – contribuer copieusement, et plus que la moyenne, à dégrader la planète, provoque des sentiments de « deux poids, deux mesures » qui peuvent choquer, fragiliser l'acceptabilité des mesures collectives à mettre en œuvre et au final, freiner l'action [1].

Dans le domaine de la lutte contre les exclusions, il existe une difficulté supplémentaire. Lorsqu'il s'agit de répondre aux périls écologiques, nous sommes tous

---

1. Des tensions apparaissent aussi à l'échelle internationale à propos de pays en développement sur lesquels des contraintes pèsent de plus en plus fortement pour qu'ils limitent leur impact écologique. Une exigence souvent difficile à accepter (notamment par les pays les plus pauvres) si elle n'est pas accompagnée d'aides et de soutiens, tant cela peut freiner leur développement. Difficile à accepter aussi pour certains qui ont vu (ou voient encore) d'autres pays venir allégrement puiser dans leurs ressources naturelles pour leur propre développement tout en continuant à dégrader notre planète.

concernés, même si c'est à des degrés divers[1]. C'est globalement aussi le cas à propos d'une large part de la protection sociale (les retraites, la santé) qui concerne l'ensemble de la société, ou de certaines aides qui sont versées sans condition, comme les aides au logement pour les étudiants sous le foyer fiscal de leurs parents et les allocations familiales (même si depuis 2015 leur montant varie en fonction des revenus).

En revanche, tant que nous ne sommes pas nous-mêmes en situation d'exclusion et n'avons pas besoin d'être aidés, il est parfois difficile de mesurer les besoins de protections à organiser à l'échelle de la collectivité. C'est sans doute l'une des raisons qui expliquent les difficultés à faire émerger des réponses plus attentives aux personnes en difficulté.

Quoi qu'il en soit, ce sont tous des sujets frappés d'une forte dimension sociétale, et qui en fin de compte nous concernent tous, ne serait-ce que parce qu'ils renvoient à l'usage qui est fait de nos ressources financières ou naturelles communes. Ils doivent donc impérativement être débattus à l'échelle de la société et ne pas être laissés aux seules mains des spécialistes, des administrations ou des gestionnaires, tant ils renvoient au modèle de société que l'on souhaite porter et tant ils sont déterminants pour notre avenir.

---

1. Cela est particulièrement vrai en ce qui concerne les effets du changement climatique, désormais ressentis par tout un chacun. C'est sans doute moins le cas en ce qui concerne l'effondrement de la biodiversité dont la réalité, très préoccupante, est moins immédiatement perceptible.

Vers une fiscalité des ménages plus juste

D'un point de vue technique, les leviers pouvant être mobilisés pour partager davantage les richesses sont nombreux, mais je n'en citerai que quelques-uns qui me paraissent incontournables.

Je pense notamment à la nécessité d'introduire une plus grande progressivité de l'impôt sur le revenu. L'idée étant de mettre davantage et proportionnellement à contribution les ressources des ménages en augmentant par exemple le taux des tranches élevées et en ajoutant une tranche supplémentaire pour les hauts revenus.

La question des impôts directs qui revêtent un caractère inégalitaire parce qu'ils ne tiennent pas compte des ressources (par exemple la très injuste TVA) doit également être réfléchie. En particulier lorsqu'il s'agit de produits de première nécessité qui pourraient faire l'objet d'une baisse. Je pense par exemple à la TVA sur le logement social qui est passée de 5,5 à 10 % durant le premier quinquennat d'Emmanuel Macron et qu'il faudrait faire rebaisser pour favoriser sa construction.

Je veux ici souligner aussi la nécessité d'aligner le barème de la fiscalité des revenus du travail sur celui des revenus du capital en fiscalisant davantage les dividendes et les plus-values boursières. Mais aussi en revenant sur le prélèvement forfaitaire unique (PFU) institué par la loi de finance 2018 qui plafonne les contributions, considérant que l'effort fiscal doit être proportionnel aux ressources et non plafonné par un quelconque bouclier qui favorise les 5 % les plus riches.

Il serait par ailleurs juste de réintégrer le patrimoine financier dans l'impôt sur la fortune en rappelant que la transformation en 2018 de l'impôt de solidarité sur la fortune (l'ISF) en impôt sur la fortune immobilière (IFI) a tout de même fait perdre plusieurs milliards d'euros par an à l'État qui en a pourtant bien besoin. Il serait juste aussi de prendre des mesures permettant de contrecarrer le contournement fiscal d'une partie des ultra-riches, dont le taux d'imposition régresse à partir d'un certain seuil de richesse, comme en témoigne une étude récente de l'Institut des politiques publiques[1].

Je pense également à la nécessité de mettre davantage à contribution les hauts patrimoines, ce qui passe notamment par une réforme des droits de succession. Le sujet est important mais moins connu et plus complexe, d'où la nécessité d'un petit développement pour lister les enjeux qu'il recouvre.

Tout d'abord, on note que le volume des transmissions patrimoniales qui passent par les donations et les successions a fortement augmenté : il est passé de 60 milliards d'euros en 1980 à 250 milliards aujourd'hui. Il représente désormais 18 % du revenu national disponible en France, contre 10 % en 1990 et 5 % en 1960[2].

Par ailleurs, la fortune héritée constitue actuellement 60 % du patrimoine total contre 35 % au début des années 1970. Ce qui signifie que près des deux tiers des patrimoines en France sont désormais issus de patrimoines

1. Quels impôts les milliardaires paient-ils ? Institut des politiques publiques, https://www.ipp.eu/actualites/quels-impots-les-milliardaires-paient-ils/

2. Thomas Piketty, *Le Capital au XXIe siècle*, *op. cit.*

hérités et donc que les inégalités sont de plus en plus liées aux héritages et aux donations (et ainsi à la plus ou moins grande richesse de ses parents) et de moins en moins à ce que d'aucuns qualifient parfois « d'effort individuel » ou de « mérite ». Des formules qui, au passage, sont régulièrement convoquées pour refuser des attributions d'aides supplémentaires à des ménages en difficulté…

Sachant par ailleurs que, comme l'indique France Stratégie [1] dans une note récente intitulée « Peut-on éviter une société de rentiers [2] ? », le patrimoine est de plus en plus concentré : si comme nous l'avons déjà indiqué les 10 % les plus aisés possèdent aujourd'hui près de la moitié du patrimoine total des ménages, la part que possèdent les 1 % les plus fortunés est quant à elle passée de 15 à 25 % du total du patrimoine national entre 1985 et 2015.

Bref, les inégalités de patrimoine sont de plus en plus importantes, mais aussi plus injustes que les inégalités de revenu du fait de leur transmission. Et s'il fallait retenir encore un dernier chiffre pour se convaincre du poids du patrimoine hérité, il faut savoir que si les 0,1 % de Français les plus riches disposent d'un revenu 10 fois supérieur au revenu médian, leur patrimoine hérité est quant à lui 180 fois supérieur au patrimoine médian de la population [3].

1. Institut d'analyse et de réflexion placé auprès du Premier ministre.

2. https://www.strategie.gouv.fr/sites/strategie.gouv.fr/files/atoms/files/na_51-transmissions-ok_0.pdf

3. Clément Dherbécourt, Gabrielle Fack, Camille Landais et Stéphanie Stantcheva, « Repenser l'héritage », *Les Notes du Conseil d'analyse économique*, n° 69, 2021.

Du côté des recettes, l'État prélève environ 15 milliards d'euros (en 2020) sur la somme totale des transmissions patrimoniales (donations et successions) qui atteint 250 milliards.

Sachant que, comme le rappelle Manuel Domergue, directeur des études de la Fondation Abbé Pierre dans un article publié sous le titre quelque peu provocateur « Taxons les morts pour donner une chance aux vivants ! [1] », le taux d'imposition moyen d'une succession en ligne directe (c'est-à-dire entre parents et enfants ou petits-enfants) ne dépasse pas 3 % ; et que seuls 1 % des plus gros héritages sont taxés à plus de 10 %.

On peut ajouter à cela le fait que les successions sont souvent anticipées par des donations, défiscalisées jusqu'à 100 000 euros par enfant tous les 15 ans et qu'il existe de nombreuses exonérations qui permettent aux ménages aisés de réduire les montants payés : transmission de biens professionnels, de contrats d'assurance-vie, démembrement de propriétés… Au point que 40 % du patrimoine transmis échappe au flux successoral appréhendé par les sources fiscales selon une autre note récente du Conseil d'analyse économique[2], sans que l'efficience de ces exonérations ne soit toujours avérée.

Concrètement, et pour se donner une idée des marges de manœuvre possibles, si l'on augmentait de 0,5 % l'imposition moyenne des successions, on augmenterait les recettes de l'État de l'ordre de 1,2 milliard d'euros

1. https://www.alternatives-economiques.fr/manuel-domergue/droits-de-succession-taxons-morts-donner-une-chance-aux-vivants/00086238

2. Repenser l'héritage, https://cae-eco.fr/repenser-lheritage

par an : une augmentation quasi indolore, qui ne concernerait que les 20 % des héritages les plus importants.

J'ai bien conscience que l'idée consistant à augmenter la fiscalité sur le patrimoine est peu populaire. Mais j'ai aussi pu constater à maintes reprises, lorsque j'ai été amené à relayer cette proposition portée par le Pacte du pouvoir de vivre et la Fondation Abbé Pierre, qu'il y a aussi beaucoup de méconnaissances ; et qu'après échanges sur la réalité des successions et leur imposition, le regard avait souvent tendance à évoluer. Limitons-nous ici à indiquer deux éléments importants.

Tout d'abord, tout le monde ne sait pas que la transmission à l'épouse, l'époux ou le partenaire pacsé est exonérée de droits de succession. Pas toujours non plus que si vous êtes un parent, un grand-parent ou un enfant du défunt, vous bénéficiez d'un abattement de 100 000 euros. Ce qui signifie que les héritages inférieurs à ce montant ne sont pas taxés. Pour ceux dont la valeur de la transmission dépasse cette somme, lorsqu'il s'agit de transmission à un ascendant ou un descendant du défunt, le taux d'imposition en 2023 varie quant à lui de 5 % à 45 % en fonction des montants.

Mais surtout, peu de personnes en fin de compte savent que la très grande majorité des successions sont en réalité exonérées d'impôt et que 87 % des héritages sont inférieurs à 100 000 euros (qui est donc le seuil en ligne directe en dessous duquel l'héritage n'est pas taxé).

L'idée défendue ici n'est donc pas d'augmenter le nombre de ménages qui seraient amenés à payer des impôts lors de successions alors qu'ils n'en paient pas aujourd'hui. Mais bien, selon la même intention affichée plus haut à propos des revenus, de l'augmenter, de façon proportionnelle, pour les héritages les plus importants d'ores et déjà soumis à l'impôt. L'idée étant aussi de se saisir de ce moment particulier, que constitue la transmission du patrimoine, pour corriger les inégalités.

Vers un plus grand partage des ressources immobilières

Sur un autre registre, partant du principe que les deux tiers du patrimoine des ménages sont composés d'immobilier, l'idée de mieux partager les richesses issues de la rente immobilière (c'est-à-dire des revenus générés par les investissements dans le logement) est à mon sens essentielle. Nous avons déjà souligné dans le deuxième chapitre à quel point la hausse des marchés immobiliers rendait de plus en plus difficile l'accès au logement des ménages pauvres, des classes populaires et désormais, dans de nombreux territoires, des classes moyennes. Souligné également la concentration de l'immobilier sur un nombre limité de ménages, dont la valeur du patrimoine augmente fortement avec la hausse des prix des logements, tout en ayant la faculté de pouvoir vendre au bon moment, un ou plusieurs logements, sans avoir à en racheter un au même prix à un moment où le marché est élevé (les multipropriétaires, les héritiers). Cet enrichissement est même à l'origine de la progression du nombre de millionnaires dans notre pays, comme le rappelle le journal *Le Figaro* qui indique dans un article daté d'août 2023 que si notre pays compte désormais 4,8 % des millionnaires de la planète, « c'est exclusivement dû à l'immobilier[1] ».

Il est donc nécessaire de déployer une politique fiscale qui permette de redistribuer une partie de cette rente immobilière accumulée sans « mérite » particulier ou « sans véritable cause ». Pour d'une part limiter la spéculation et la hausse des prix et pour dégager d'autre part de nouvelles ressources permettant de financer une politique plus sociale, par exemple dédiée au logement. Plusieurs leviers peuvent être mobilisés dans cet esprit.

Premièrement, au moment de la vente, il serait juste d'augmenter le taux de taxation des plus-values immobilières (c'est-à-dire le gain réalisé entre l'achat et la revente), qui est actuellement fixé à 19 % (en dehors de la résidence principale qui n'est pas soumise à l'impôt), quand la hausse de prix provient manifestement d'investissements publics. C'est vrai en cas d'opérations d'intérêt national, dans le cadre des infrastructures de transports du Grand Paris ou de nouvelles lignes grande vitesse par exemple. Il serait possible dans ces cas-ci de porter ce taux à 25 ou 30 %.

Pour libérer des terrains constructibles et capter une partie de la plus-value engendrée, il serait par ailleurs nécessaire de rendre croissante dans le temps la taxation des plus-values sur les terrains non bâtis, alors que c'est la logique inverse qui prime encore aujourd'hui (actuellement, plus vous conservez votre terrain non bâti, plus

1. « Comment l'immobilier a fait progresser le nombre de millionnaires français », *Le Figaro*, 24 août 2023, https://immobilier.lefigaro.fr/article/comment-l-immobilier-a-fait-progresser-le-nombre-de-millionnaires-francais_77b44288-4196-11ee-87f0-09f6050445f5/

vous bénéficiez d'une fiscalité avantageuse, alors que les besoins en logement sont importants).

Deuxièmement, les transactions immobilières de luxe, qui participent à la surchauffe des marchés immobiliers et à la ségrégation urbaine, pourraient être mises à contribution à travers une sorte de « taxe Tobin [1] de l'immobilier ». Aujourd'hui, les droits de mutation à titre onéreux, ce que l'on appelle les « frais de notaire », sont prélevés de manière uniforme, proportionnellement au montant des transactions. Il serait possible d'instaurer une taxe additionnelle sur les transactions les plus élevées. Ces recettes nouvelles pourraient servir à financer des politiques urbaines, comme la rénovation des quartiers populaires ou la production de logements sociaux dans les quartiers qui en manquent, là où le foncier est souvent le plus cher.

Sur un autre registre, puisqu'il s'agit de finances publiques et non plus de fiscalité des ménages, la solidarité financière entre les collectivités locales gagnerait également à être renforcée. Pour lutter contre les inégalités territoriales, l'État dispose de divers mécanismes de répartition des richesses. La dotation globale de fonctionnement (DGF) par exemple, qui constitue la principale attribution de l'État à destination des collectivités, comporte une part forfaitaire (perçue par toutes les collectivités, en fonction de la superficie du territoire, du nombre d'habitants, d'élèves, etc.) et une part « péréquation » pour soutenir les communes plus défavorisées, en fonction de leur potentiel financier.

1. Taxe sur les transactions monétaires internationales proposée en 1972 par l'Américain James Tobin, prix Nobel d'économie, pour limiter entre autres la spéculation.

En 2022, la DGF s'établissait à 27 milliards d'euros, un montant très en deçà de celui de 2014 (40,1 milliards)[1]. La part consacrée à la répartition entre les communes s'élevait quant à elle à 13,2 milliards d'euros, soit une hausse de 4,3 milliards par rapport à 2013. Un mouvement qui est donc plutôt positif mais qui gagnerait à être encore renforcé pour aider les collectivités territoriales les plus pauvres à faire face aux besoins de leurs habitants.

Du côté des entreprises, et notamment des multinationales, il est également nécessaire de veiller à une juste répartition des efforts. Pour ne prendre qu'un exemple j'évoquerai ici, comme nous le proposons avec le Pacte du pouvoir de vivre, la nécessité de renforcer la lutte contre la concurrence fiscale déloyale entre pays, en augmentant les taux minimaux d'imposition des entreprises multinationales. L'idée étant de lutter contre l'évasion fiscale légale qui prive de nombreux pays de ressources importantes et essentielles pour répondre aux besoins sociaux et écologiques.

L'accord récent de 136 pays au sein de l'OCDE, qui vise à établir un taux d'imposition minimal des multinationales, traduit enfin une volonté de limiter un tant soit peu le dumping fiscal. Mais cet accord reste très insuffisant, en particulier parce que le taux d'imposition, fixé à 15 %, est bien trop faible : pour se faire une idée, il tourne en moyenne dans le monde autour de 22 à 25 % (selon les sources) contre environ 40 % en 1980 ; et il est de

1. La DGF a en effet subi une baisse de 10 milliards d'euros entre 2014 et 2017 pour contribuer au redressement des comptes publics.

12,5 % en Irlande, pays européen qui a longtemps pratiqué le dumping. Insuffisant aussi parce qu'il comporte de nombreuses exemptions et qu'il ne va s'appliquer qu'à un nombre restreint d'entreprises, celles dont le chiffre d'affaires est supérieur à 750 millions d'euros.

Nous proposons donc avec le Pacte que la France porte avec ses partenaires européens un taux d'au moins 20 % et mobilise l'Union européenne pour que soient mises en œuvre des stratégies efficaces permettant d'empêcher le contournement de ces règles.

Il est possible de multiplier les exemples de leviers susceptibles d'être mobilisés pour partager davantage les richesses des ménages, des collectivités ou des entreprises. On pourrait aussi discuter de la pertinence des mesures qui viennent d'être présentées dans ce chapitre, des taux de fiscalité proposés comme des niveaux à partir desquels la fiscalité gagnerait à être augmentée. Encore une fois, on peut discuter de tout. Mais la question n'est évidemment pas seulement technique. Il sera toujours possible de trouver les bonnes mesures pour atteindre tel ou tel objectif. L'idée est surtout de montrer ici les chemins qui peuvent être empruntés pour doter la puissance publique locale et nationale de moyens plus importants afin de mener les chantiers sociaux et écologiques qui eux, en revanche, s'imposent à nous.

On peut d'ailleurs noter que ces nécessités commencent peu à peu à faire leur chemin dans le débat public. Je pense par exemple au rapport Pisani-Mahfouz[1] commandé par la Première ministre et publié en mai 2023, qui pointe les

1. https://www.strategie.gouv.fr/sites/strategie.gouv.fr/files/atoms/files/2023-incidences-economiques-rapport-pisani-5juin.pdf

besoins importants d'investissement pour mener à bien la transition écologique (de l'ordre de 34 milliards d'euros de dépenses publiques par an jusqu'en 2030) ; et de ce fait la nécessité de partager les efforts de manière plus équitable via notamment le recours à l'endettement (considéré ici comme un « bon endettement ») et un impôt exceptionnel et temporaire (sur une trentaine d'années tout de même) sur le patrimoine des 10 % des ménages les plus aisés. Ou encore au rapport de deux députés, l'un Modem et l'autre communiste, rendu public le 25 septembre 2023, qui souligne la nécessité de mettre en œuvre une fiscalité plus importante sur le patrimoine, notamment immobilier, et les hauts revenus [1].

Des travaux fortement relayés dans les médias, qui n'ont pas significativement infléchi à ce stade les décisions de la puissance publique, mais qui alimentent utilement le débat et pour tout dire qui font du bien, tant ils viennent corroborer, via des canaux plus institutionnels et des horizons politiques divers, ce que de nombreux citoyens, acteurs sociaux et écologiques, dont je fais partie, pensent depuis longtemps.

1. https://www.assemblee-nationale.fr/dyn/16/rapports/cion_fin/l16b1678_rapport-information

7

Engager une nouvelle philosophie d'action (2)
Encourager ce qui est vertueux, dissuader le reste

« Donnez-moi un point d'appui et je soulèverai le monde », aurait dit le physicien grec Archimède. Vingt-deux siècles plus tard, l'équation reste pertinente et s'applique très bien au sujet qui nous préoccupe.

Parmi les points d'appui indispensables, l'un d'entre eux, qui pourrait nous permettre de changer significativement la donne, n'est autre que la mobilisation des capacités financières de la puissance publique sur de nouvelles bases. Il est devenu urgent d'utiliser ses dépenses et recettes de façon à davantage encourager les pratiques vertueuses et à dissuader celles qui le sont moins, sur le plan social et écologique. L'idée apparaît simple et évidente mais hélas elle est loin d'être toujours effective.

Sur le plan écologique, c'est déjà le cas pour certaines aides ou mesures fiscales qui, par exemple, encouragent la rénovation thermique des logements ou l'achat de véhicules plus propres. Mais il reste d'immenses marges de progression pour traduire pleinement cette philosophie d'action à des niveaux satisfaisants et dans un maximum de secteurs.

Le principe vise notamment à faire progressivement mais activement la chasse aux dépenses et recettes de l'État qui soutiennent des pratiques néfastes sur le plan écologique. Des dépenses qui sont évaluées entre 10 et 25 milliards d'euros, selon les sources et les périmètres retenus, en ce qui concerne l'impact sur le climat. Et à 10,2 milliards, en 2022, pour ce qui est des « subventions de l'État et de l'Union européenne dommageables à la biodiversité[1] ».

Avec en toile de fond l'idée que les économies générées ou les nouvelles recettes (on peut par exemple penser à la nécessité de mettre en place une taxe sur le kérosène utilisé par les avions, lesquels en sont aujourd'hui exemptés) soient utilisées pour soutenir les ménages modestes qui, en tout premier lieu, font les frais des désordres écologiques, mais aussi pour aider certains secteurs économiques dans leurs transitions.

Il est également nécessaire de faire en sorte que les aides publiques conduisent davantage à répondre simultanément aux enjeux écologiques et sociaux. Pour ne prendre qu'un exemple qui concerne le logement et les particuliers, il existe depuis de nombreuses années des avantages fiscaux qui visent à encourager l'investissement dans la production de logements destinés à la location. Ce sont les dispositifs de défiscalisation Besson, Borloo, Robien, Scellier, Duflot, Pinel… qui ont pris les noms de ministres du Logement successifs et qui fleurissent régulièrement sur les espaces publicitaires pour inciter à de tels investissements.

---

1. Rapport de l'Inspection générale des finances, novembre 2023, https://medias.vie-publique.fr/data_storage_s3/rapport/pdf/287780.pdf

L'idée que je défends ici n'est pas de considérer que ces types de leviers devraient être supprimés, mais qu'ils doivent être assortis de contreparties sociales (par exemple ici en fixant des niveaux de loyers imposés en dessous des prix des marchés) et écologiques (qualité thermique et rénovation si besoin) à la hauteur des investissements consentis par la puissance publique. Et ce en trouvant les bons équilibres pour que ces placements restent incitatifs sans toutefois amputer démesurément le budget de l'État...

Pour mieux mesurer les enjeux que cela représente, rappelons que le montant annuel de ces réductions d'impôt sur le revenu (et donc de non-recettes pour l'État) est passé de 606 millions d'euros en 2009 à 2,1 milliards d'euros en 2023. Si l'on considère le dispositif Pinel qui était en vigueur jusqu'à la fin de l'année 2023, l'aide fiscale pouvait monter jusqu'à 63 000 euros par logement.

Cela signifie que les niveaux d'aides publiques consentis pour inciter des investisseurs à acheter des logements et les mettre en location à des niveaux de loyer (fixés par la puissance publique) qui peuvent être proches de ceux du marché, et pour une durée limitée de six à douze ans, sont parfois équivalents, voire supérieurs aux aides dédiées aux logements intermédiaires ou sociaux qui ont pourtant des loyers réglementés bien inférieurs et sont voués à maintenir une vocation sociale pendant des décennies.

Pour être plus précis encore, un logement Pinel a bénéficié en moyenne de 32 000 euros d'aides publiques, contre 30 000 à 34 000 euros pour un logement social.

Sans compter que contrairement au dispositif qui le précédait, le Pinel ouvre la possibilité de louer le logement dans lequel on a investi à ses descendants ou ses ascendants, ce qui éloigne tout de même sacrément de la logique visant à inciter des particuliers à investir pour répondre à des besoins collectifs.

Voilà un exemple de dispositif qui gagnerait à être revisité dans un esprit de plus grande justice fiscale et de plus grande efficacité au regard des nouveaux enjeux sociaux et écologiques auxquels nous avons à faire face.

Rendre admissible ce qui est douloureux

Toujours dans cet esprit visant à combiner les enjeux écologiques et sociaux, revenons sur la fiscalité carbone dont une partie, qui concerne les carburants automobiles, est souvent considérée comme ayant mis le feu aux poudres au tout début du mouvement des Gilets jaunes à la fin de l'année 2018.

Le 30 octobre 2018, je cosignai une tribune[1] avec Bénédicte Peyrol, alors députée LREM de l'Allier, et Benoît Leguet, directeur général du think tank I4CE[2], où nous indiquions que l'expérience d'autres pays montre que pour qu'une taxe soit acceptée, les citoyens doivent être bien informés de ce que le gouvernement fait des ressources générées par cette fiscalité d'un nouveau

1. « Taxe carbone : ne nous trompons pas de débat », *La Tribune*, 30 octobre 2018, https://www.latribune.fr/opinions/tribunes/taxe-carbone-ne-nous-trompons-pas-de-debat-795745.html

2. L'Institut de l'économie pour le climat est un think tank sur l'économie de la transition.

genre, ce qui n'était pas le cas en France. Nous signalions alors que la taxe carbone ne peut être admise que si elle est perçue comme juste et efficace.

Nous soulignions également que c'est à chaque pays de trouver l'équilibre politique propre à sa situation, mais que, dans tous les cas, les citoyens doivent être consultés en amont sur l'utilisation de ces recettes, que le gouvernement doit communiquer clairement ses choix et leur rendre régulièrement des comptes. Sans quoi les oppositions se multiplient, avec des craintes compréhensibles que nous avons largement entendues sur les ronds-points pendant la séquence Gilets jaunes : « On augmente nos taxes sous couvert d'écologie » ; « Ce sont toujours les mêmes qui paient »...

Nous avons besoin d'une fiscalité carbone pour orienter les choix des acteurs économiques et des ménages, et pour générer de nouvelles marges de manœuvre financières. Mais nous avons parallèlement besoin de réfléchir collectivement et ouvertement aux différentes options d'utilisation des ressources qu'elle génère sans que cela ne vienne seulement « d'en haut ».

De mon point de vue, l'idée de dégager des ressources supplémentaires pour financer les transitions écologiques ne peut se faire qu'en soutenant massivement les ménages les plus modestes, de façon à contrebalancer les effets de cette fiscalité et ne pas les pénaliser davantage, tout en finançant les acteurs économiques dans leurs nécessaires transitions.

Il s'agirait aussi de mieux répartir l'effort consenti entre les entreprises et les particuliers (ces derniers y contribuent plus aujourd'hui). Et de rendre cette fiscalité plus juste car on sait que les 10 % des ménages les plus pauvres, proportionnellement à leurs revenus, y participent davantage que les 10 % des ménages les plus riches.

Les chantiers à mener pour traduire plus fortement et rapidement une telle logique d'intervention sont nombreux et complexes à mettre en œuvre. Complexes dans la mesure où il s'agit de combiner plusieurs objectifs : augmenter les ressources de la collectivité, encourager les bonnes pratiques, dissuader les mauvaises, tout en étant plus justes.

Mais si l'on veut vraiment changer nos modèles de développement tout en préservant l'emploi et en protégeant les ménages modestes qui subissent de plein fouet ces évolutions, il est absolument nécessaire de faire évoluer nos modes d'approches en réorientant les dépenses fiscales et les aides publiques pour qu'elles profitent davantage à l'emploi, à la transition écologique, à l'investissement social et à la qualité de vie…

La dangereuse course à la baisse d'impôts

Le chantier est immense et pas gagné d'avance, car bien que séduisante et indispensable, cette approche n'est dans les faits pas toujours aussi évidente qu'elle y paraît, comme en atteste l'épisode du CICE et ses 20 milliards d'euros concédés aux entreprises sans contreparties suffisantes, pendant le quinquennat de François Hollande.

Pas gagné d'avance non plus parce qu'une telle logique d'intervention suppose de déployer un niveau d'impôt suffisant pour enclencher ces chantiers ambitieux et coûteux tant sur le plan social qu'écologique. Or les temps sont difficiles sur ce sujet et chacun perçoit bien à quel point le débat autour de l'impôt a pris une coloration négative.

Sur le plan des arbitrages politiques et pour se limiter à la période récente, nous avons déjà évoqué la suppression de différents impôts depuis la première élection d'Emmanuel Macron : taxe d'habitation y compris pour les ménages les plus aisés (18 milliards d'euros en moins), contribution à l'audiovisuel public (3,2 milliards), cotisation sur la valeur ajoutée des entreprises (7,5 milliards et autant à venir) ; ou la réduction de voilure d'autres impôts : transformation de l'ISF en IFI, mise en place du prélèvement forfaitaire unique...

Une liste qui n'est pas exhaustive et qui a tout de même conduit, bon an mal an, à une baisse d'impôts de 50 milliards d'euros (dont la moitié concerne les impôts des ménages) au cours du premier quinquennat.

Durant son premier mandat, Emmanuel Macron n'a d'ailleurs eu de cesse de rappeler qu'il n'y aura pas d'augmentation de la fiscalité ni de création de nouvel impôt. Des propos réitérés pendant sa campagne de 2023 et régulièrement réaffirmés par le ministre de l'Économie, Bruno Le Maire.

La campagne présidentielle 2023 s'est également illustrée par une surenchère entre de nombreux candidats et candidates, à qui annoncerait les plus grosses réductions d'impôts.

Ces choix et ces discours me surprennent et m'inquiètent. Je suis par exemple étonné de ne pas voir davantage de personnes soulever la question du besoin d'impôts au regard de la dette du pays ; même si certains soulignent tout de même que de nombreux pays ont choisi une autre voie en fiscalisant davantage les plus fortunés ou les grandes entreprises qui font d'importants profits.

Ils m'inquiètent par ailleurs parce qu'une partie de ces baisses d'impôts nationaux est contrebalancée par des hausses d'impôts locaux, fixées par des collectivités territoriales (la taxe foncière notamment) qui subissent des réductions d'entrées fiscales décidées par les gouvernements successifs et sont à la recherche de nouvelles ressources pour les compenser[1]. Des hausses qui renvoient souvent à de réels besoins. Mais il est important de souligner que l'usage qui est fait de ces ressources n'est évidemment pas le même selon qu'elles sont collectées par les collectivités ou par l'État, dans la mesure où leurs missions respectives ne sont pas les mêmes et que l'État, par exemple, peut jouer un rôle déterminant dans la répartition des richesses entre les territoires au sein du pays.

Ces suppressions d'impôts affaiblissent par ailleurs les liens des collectivités avec leurs administrés, ce qui était par exemple le cas avec la taxe d'habitation qui générait des ressources, en rapport avec la création de nouveaux logements, pour financer les services et équipements nécessaires à l'accroissement de la population qui en découlait.

Une réalité qui m'inquiète surtout au regard de notre capacité collective à disposer de suffisamment de moyens (l'enjeu quantitatif de l'impôt) pour répondre aux immenses défis sociaux et écologiques qui sont devant nous. Au regard aussi de notre capacité à nous

---

1. Même s'il est toujours annoncé que ce type de baisses sera intégralement compensé par l'État, on sait que dans la durée, les choses sont souvent plus subtiles et compliquées.

appuyer sur une fiscalité suffisante pour lutter contre les inégalités et renforcer la justice sociale (l'enjeu qualitatif de l'impôt).

Deux dimensions essentielles pour porter un nouveau projet de société plus juste et durable et qu'une partie non négligeable de nos concitoyens appelle d'ailleurs de leurs vœux. Je pense par exemple à cette demande de répartition juste des efforts qui a été très forte pendant les manifestations contre la réforme des retraites en 2023 ; ou encore aux résultats du sondage réalisé pour le Pacte du pouvoir de vivre en avril 2023 qui montre que les trois quarts des Français (74 %) souhaitent une plus grande progressivité de l'impôt.

De fait, on ne peut construire une société apaisée sans partage. Et on ne peut répondre aux défis sociaux, écologiques, à ceux dans le domaine de l'éducation, du logement, des mobilités, de la sécurité, de la santé, etc., sans déployer des moyens supplémentaires et durables.

Il est donc indispensable d'ouvrir rapidement le débat sur la fiscalité. Sur une fiscalité plus juste et plus efficace et des contributions plus importantes et plus progressives de la part de ceux qui en ont la capacité, du côté des ménages comme de celui des entreprises ou des collectivités.

Un chantier difficile, mais incontournable.

8

Engager une nouvelle philosophie d'action (3)
Réguler les marchés des produits essentiels

Une autre logique d'intervention qu'il me semble nécessaire de renforcer d'urgence est la régulation des marchés, en particulier ceux liés à des produits essentiels.

Nous avons déjà évoqué les risques de dérives liés à la marchandisation de l'hôpital ou des établissements accueillant des personnes âgées. Force est de constater qu'il en va de même en ce qui concerne l'accès à des biens essentiels qui peut conduire à accroître les exclusions : je pense au logement, à l'eau, aux transports, etc.

Cette idée de régulation est fortement décriée par une partie de la classe politique et des acteurs économiques, porteurs d'une pensée très ancrée qui pèse beaucoup dans les décisions de politiques publiques et qui repose sur l'idée que le marché s'autorégulera pour – à terme – satisfaire les besoins de tout le monde. Cette vision m'a souvent été opposée en réponse aux propositions formulées par la Fondation Abbé Pierre ou le Pacte du pouvoir de vivre.

Je pense toutefois qu'il est nécessaire de dépasser les clivages idéologiques et de redescendre quelque peu sur terre, en analysant dans quelles mesures et avec quels effets sociaux et économiques, tel ou tel bien gagnerait à être régulé, selon quelles modalités et à quel niveau. Le débat se limitant aux principes économiques ou idéologiques conduit en effet bien souvent à stériliser (et parfois hystériser) les discussions et surtout, au final, à ne pas agir. Je vais prendre ici un exemple que je connais bien : celui des loyers. Mais la réflexion pourrait s'appliquer à d'autres biens et secteurs.

L'action publique visant une intervention sur le niveau des prix des logements locatifs privés est difficile à mettre en œuvre, contrairement au logement social qui est régi par des règles fixées par la puissance publique en échange des aides apportées au secteur (niveau de loyer, niveau de ressources des personnes à qui les logements sont attribués, etc.). Elle constitue pourtant le levier le plus rapide pour modérer le prix du logement à une période où les locataires du parc privé disposant de ressources modestes sont les principaux perdants de la hausse des prix de l'immobilier : dépenses liées au logement excessives par rapport aux ressources disponibles, risques d'impayés et d'expulsion, privations sur d'autres dépenses essentielles, etc.

Bien que l'idée divise les acteurs et experts du logement depuis des décennies, l'encadrement des loyers commence difficilement, mais peu à peu, à s'installer en France. Il s'appuie sur le dispositif mis en œuvre par la loi portée par Cécile Duflot en 2014, lorsqu'elle était ministre du Logement, qui prévoyait à l'origine son extension dans 1 100 communes où le marché du logement est le plus tendu.

Après avoir été attaqué au tribunal par des acteurs qui s'y opposaient, puis suspendu, l'encadrement a été relancé, à titre expérimental et optionnel (les communes qui le souhaitent peuvent en faire la demande à l'État), par la loi Elan de 2018, et s'est progressivement étendu à différentes villes volontaires en plus de Paris et Lille qui avaient initié le mouvement suite à la loi de 2014 : Plaine Commune[1] en juin 2021, Est Ensemble[2] en décembre 2021, Lyon et Villeurbanne en novembre 2021, Montpellier, Bordeaux en juillet 2022 et 24 communes du Pays basque dont Bayonne et Biarritz depuis octobre 2023.

Les dispositions prévues par la loi sont relativement modestes puisqu'elles ne visent qu'à faire baisser certains loyers excessifs. Et pourtant, lors des nombreux débats auxquels j'ai eu l'occasion de participer, j'ai entendu déplorer une « loi visant à bloquer les loyers[3] », « des pratiques dignes des pays communistes de la grande époque », une « totale aberration économique ». Certains allant jusqu'à avertir « qu'il ne faudra pas venir

1. Plaine Commune est un établissement public territorial qui regroupe 9 communes : Aubervilliers, Épinay-sur-Seine, L'Île-Saint-Denis, La Courneuve, Pierrefitte-sur-Seine, Saint-Denis, Saint-Ouen-sur-Seine, Stains et Villetaneuse.

2. Est Ensemble est un établissement public territorial qui regroupe 9 communes : Bagnolet, Bobigny, Bondy, Le Pré-Saint-Gervais, Les Lilas, Montreuil, Noisy-le-Sec, Pantin et Romainville.

3. Faisant écho à des lois d'entre-deux-guerres qui avaient bloqué les niveaux des loyers ou avaient très fortement encadré les hausses de certains logements.

pleurer quand il n'y aura plus assez de logements sur le marché »…

Encadrement des loyers : la crainte de la boîte de Pandore ?

L'encadrement des loyers en France, contrairement à d'autres pays, a clairement suscité (et suscite encore) de vastes controverses qui ont principalement porté sur le risque de découragement de l'investissement locatif. De nombreux exemples européens (Allemagne, Suède, Pays-Bas, Suède) ont pourtant montré qu'une juste rémunération de l'investissement immobilier et des rapports locatifs équilibrés ne nuisent pas au développement du parc locatif privé. J'ai d'ailleurs souvent eu le sentiment que certains détracteurs de la régulation des loyers s'y opposaient par principe, comme si entrebâiller la porte à une intervention, même modeste, de la puissance publique sur ces marchés risquait d'ouvrir la boîte de Pandore et de conduire à terme à « d'immenses dérives ».

Dans notre pays, les premiers résultats sont encore modestes et inégaux, mais ils commencent à être visibles. La troisième édition du baromètre de l'encadrement des loyers publié par la Fondation Abbé Pierre montre par exemple une amélioration du respect de l'encadrement à Paris : on passe de 35 % d'annonces non conformes aux plafonds fixés en 2021 à 28 % deux ans plus tard. Ce taux est encore bien trop élevé mais il faut laisser le temps à cette mesure d'être appropriée, après des années de confusion dues à ses péripéties judiciaires. À Lille, où l'encadrement s'applique depuis 2017, malgré une interruption en 2018-2019 du fait de la suspension de la mesure, les résultats sont moins satisfaisants mais également en évolution puisque 37 % des annonces dépassent les plafonds en 2023 contre 43 % en 2022.

Même si le recul fait encore quelque peu défaut, les premiers retours d'expérience à partir de la situation parisienne permettent également de nuancer les critiques souvent avancées (engorgement des tribunaux, effet inflationniste sur les petits loyers ou fuite des investisseurs). Les loyers y ont connu une évolution plus modérée qu'auparavant, sachant que la seule année qui fasse exception est d'ailleurs celle qui a vu l'encadrement suspendu en 2018. Du côté des effets pervers annoncés, force est de constater que l'encadrement n'a pas fait fuir les investisseurs, l'immobilier résidentiel restant une opportunité prisée dans les villes tendues.

L'encadrement, tel qu'il est mis en place depuis la loi de 2018 qui l'a rendu optionnel et expérimental, souffre toutefois de lacunes qui demandent à être comblées : il concerne trop peu de villes (une cinquantaine de communes volontaires en 2023 alors que la loi de 2014 en prévoyait plus de 1 000 de façon obligatoire). Il est trop timoré dans les zones très tendues et insuffisamment connu et approprié, laissant les propriétaires et professionnels récalcitrants le bafouer sans risque.

Pour développer l'encadrement, il faudrait donc revenir au périmètre initial de la loi de 2014 et le faire mieux appliquer, ce qui implique des campagnes d'information régulières (locales et nationales), relayées par des actions de terrain visant à accompagner les locataires qui souhaitent intenter des recours et obtenir des baisses de loyers.

Face aux professionnels récalcitrants, les sanctions sont également nécessaires, à l'image des premières amendes infligées à Paris aux bailleurs en faute, mais en les démultipliant tant les abus sont nombreux.

On peut penser que si l'encadrement entre dans les mœurs, est connu et relayé par des recours de locataires et des amendes quand les règles sont bafouées, ces nouveaux plafonds de loyers finiront par être adoptés, bon gré ou mal gré, sans avoir à intenter systématiquement de tels recours.

Quoi qu'il en soit, ce type d'action publique est particulièrement intéressant dans la mesure où il est peu coûteux pour les finances publiques et a des effets qui sont (et vont être de plus en plus) visibles et concrets pour les personnes, y compris en termes de pouvoir d'achat. Les premières actions menées par la ville de Paris pour faire baisser les loyers au printemps 2023 montrent par exemple des dépassements de loyers de 126 euros par mois et des trop-perçus moyens d'un peu plus de 2 100 euros. Ce qui est évidemment loin d'être négligeable pour ceux qui commencent à en bénéficier…

La France au cœur du « phénomène Airbnb »

Prenons maintenant un autre exemple de faille dans la régulation des marchés locatifs qui a occasionné de nombreux débats ces deux dernières années : les locations saisonnières de meublés touristiques de type Airbnb ou Abritel. La multiplication de ces offres depuis une décennie, rendues facilement accessibles via des plates-formes numériques, crée des tensions de plus en plus importantes et visibles sur certains marchés locaux. Dans les zones touristiques, à Paris bien sûr, mais aussi dans les grandes métropoles et des zones côtières en Bretagne ou au Pays basque, des logements quittent le parc locatif privé de longue durée pour être dédiés aux touristes, provoquant des hausses des prix et des pénuries de logements pour loger les jeunes ou les travailleurs modestes. La France, au cœur du phénomène, représente le deuxième marché mondial, derrière les États-Unis.

Pour tenter de limiter ces effets pervers, la législation française encadre l'activité de location meublée touristique avec trois principaux outils qui s'articulent et peuvent se cumuler.

Le code du tourisme prévoit une obligation de déclaration en mairie des locations touristiques de courte durée dès lors qu'il ne s'agit pas de la résidence principale du propriétaire. Je précise d'ailleurs au passage que l'idée de réguler les locations touristiques qui est défendue ici concerne les professionnels et non pas les personnes qui mettent en location leur résidence principale quelques semaines par an.

Dans les villes de plus de 200 000 habitants et les départements de la petite couronne parisienne, une autorisation de changement d'usage doit en plus être demandée auprès de la mairie, qui peut instaurer une obligation de compensation (un logement transformé en location touristique doit être remplacé par un autre destiné à la location à l'année). Ainsi, Bordeaux et Paris imposent par exemple au propriétaire la transformation en logements de locaux non dévolus à l'habitation (bureau, commerce, etc.), pour une surface équivalente.

Une obligation de déclaration peut aussi être applicable aux locations de résidences principales, qui ne peuvent alors être louées plus de 120 jours par an.

Pour autant, il est nécessaire d'introduire, au niveau national, une plus grande flexibilité sur le plan juridique pour que toutes les communes qui le souhaitent, quelle que soit leur taille, puissent faire face à ce phénomène sur leur territoire. Pour faciliter leur action, des leviers de régulation gagneraient ainsi à être mis à leur disposition, en instaurant par exemple un numerus clausus sur certains territoires particulièrement tendus ou encore en limitant le nombre de jours de location des résidences secondaires... Dans le monde, certaines villes très concernées par le phénomène ont même été jusqu'à l'interdiction pure et simple de louer dans certains quartiers, comme à Barcelone ou Amsterdam. D'autres ont fait le choix d'interdire la location d'appartements entiers, c'est le cas par exemple à New York, afin de freiner la professionnalisation des loueurs.

Peu à peu, et même si cela reste trop lent, le législateur, l'État et les collectivités tentent donc de reprendre la main. Mais le modèle économique de ces plateformes reste encore trop attractif, en particulier en raison d'une fiscalité très favorable aux professionnels du meublé de tourisme qui bénéficient d'abattements fiscaux allant jusqu'à 71 %, ainsi que des déductions qui permettent à certains de ne payer aucun impôt sur les revenus perçus.

Ces abattements trouvent leur origine dans une époque où il s'agissait d'encourager la location de meublés qui faisaient défaut mais ce développement s'effectue désormais sur le dos des locations de longue durée dont nous avons vraiment besoin. Comme nous le pointions dans une tribune publiée en octobre 2022 avec des élus et représentants associatifs[1], ces logements sortis de la location de longue durée manquent aujourd'hui dans de nombreux territoires : les grandes métropoles, à Paris, Bordeaux, Lyon ou Marseille, mais aussi dans les zones touristiques de bord de mer les plus courues qui peinent à recruter certains employés (dans l'hôtellerie ou la restauration) faute de logements à loyers raisonnables ; ces villes sont aussi confrontées à une pénurie de logements pour les étudiants, exacerbée par des locations saisonnières qui représentent une part de plus en plus importante du parc de logements.

Avec environ 800 000 annonces en France, ces locations saisonnières, qui saturent le marché du logement, n'ont clairement plus besoin d'être encouragées. C'est pourquoi les règles doivent changer, en supprimant les avantages fiscaux favorables aux locations touristiques au profit des locations de longue durée, et en encourageant l'investissement locatif pour développer les solutions de logements à loyers raisonnables pour les familles, les étudiants, les salariés modestes…

Cela fait longtemps qu'à la Fondation Abbé Pierre nous appelons, avec d'autres, à plus de régulations de ces plateformes touristiques. Sans que cela ait suscité beaucoup d'intérêt de la puissance publique ou pour être plus exact, suscitant, comme pour l'encadrement des loyers, de fortes oppositions. Je me souviens par exemple d'une personne ayant pris la parole lors d'un

1. « Stop à la niche fiscale Airbnb », *Libération*, 12 octobre 2022, https://www.liberation.fr/idees-et-debats/tribunes/stop-a-la-niche-fiscale-airbnb-20221012_JMLGYCYLFBB3ZPMY4RVS4X2XYU/

débat public où j'intervenais et qui m'a interpellé en m'invitant à « m'occuper des mal-logés plutôt que des histoires de régulation des marchés ». Mais aujourd'hui, fait nouveau, alors que la situation est devenue insoutenable dans un nombre croissant de villes, nombreux sont ceux à appeler à une régulation. Une proposition de loi transpartisane (signée par des élus du Parti socialiste, Les Républicains, Horizon, Europe Écologie-Les Verts) soutenue par la députée Renaissance Annaïg Le Meur, a par exemple été proposée au printemps 2023 et sera je l'espère débattue au Parlement au cours de l'année 2024. Courant 2023, j'ai eu l'occasion de débattre avec des parlementaires de tous bords avec qui nous étions à très peu de choses près d'accord : du sénateur Les Républicains Max Brisson à l'occasion d'une émission sur Public Sénat le 3 avril, à la députée Renaissance Aurore Bergé (qui n'était pas encore ministre des Solidarités à l'époque) en passant par le député socialiste Iñaki Echaniz lors de la présentation publique du rapport de la Fondation le 1er février.

Tant mieux, et espérons que ces intentions se traduiront rapidement en mesures législatives. Mais quand même. Ne serait-il pas possible d'avoir une réflexion collective apaisée sur l'intervention publique, y compris en matière de régulation des marchés, avant que cela devienne si problématique qu'une large part des responsables politiques laissent enfin de côté les postures idéologiques pour passer à l'action ? À partir du moment où il s'agit de mieux réguler des pratiques parce qu'elles créent de profonds dégâts sociaux et économiques sans pénaliser durement les marchés (ou alors pour une petite minorité aisée), le consensus doit pouvoir s'imposer plus rapidement. Et cela n'empêchera pas tous ceux qui le souhaitent de continuer à mener des débats enflammés sur la pertinence de « l'autorégulation des marchés ». Mais plus sur le dos d'une partie de nos concitoyens les plus fragiles…

Vers une tarification sociale des produits essentiels

Enfin, je souhaiterais dire quelques mots à propos de l'accès à d'autres biens essentiels que le logement.

Je pense notamment à l'eau. Des expérimentations de tarification sociale ont été rendues possibles par la loi Brottes de 2013, puis par la loi Engagement et proximité de 2019. Une quarantaine de collectivités territoriales se sont dès lors engagées dans une telle dynamique, selon des modalités différentes qui vont de la distribution d'aides au paiement à une tarification progressive de l'eau ; et cela dans un contexte où le prix de l'eau varie fortement d'un territoire à l'autre.

L'idée portée par certaines collectivités, telles que Dunkerque ou Montpellier, qui consiste à différencier les prix selon la quantité consommée, me semble particulièrement intéressante. Sachant qu'elle vient utilement compléter d'autres dispositifs ciblant les ménages les plus fragiles, par exemple les tarifs de solidarité pour l'électricité et le gaz pratiqués pendant plusieurs années avant d'être remplacés, en 2018, par le chèque énergie dont nous avons déjà eu l'occasion de parler.

Initiatives intéressantes dans la mesure où le principe général vise à faire que les premiers mètres cubes d'eau, ceux qui renvoient à des besoins essentiels, soient gratuits ou facturés à un prix plus bas pour favoriser son accessibilité, sachant que les consommations qui vont au-delà de ces volumes sont quant à elles facturées davantage : trois tranches de prix sont par exemple fixées à Dunkerque avec un prix plus bas pour les ménages modestes et le déploiement d'un « chèque eau » pour les familles nombreuses. À Montpellier les quinze premiers mètres cubes d'eau sont gratuits, puis le prix augmente de 0,95 euro HT à 2,70 euros HT par mètre cube selon trois paliers, couplé à une aide directe versée automatiquement pour les ménages les plus modestes (une aide dont le montant varie de 21 euros à 200 euros en fonction des ressources).

Avec ce type de pratiques, on est au cœur des enjeux de recoupement des questions sociales et écologiques, à savoir : soutenir les ménages les plus modestes en baissant le prix ou rendant gratuit des consommations de base, tout en incitant à la modération sur les volumes. Une incitation d'autant plus nécessaire que la ressource en eau est devenue un énorme enjeu et peut susciter d'importants conflits d'usage comme on l'a vu récemment autour des pénuries d'eau dans certaines communes lors de l'été 2022 ou à l'occasion des tensions et des manifestations liées à l'instauration des méga-bassines.

Dans le même ordre d'idée, je pense aussi aux tarifs sociaux pratiqués par certaines cantines scolaires qui permettent aux ménages modestes d'accéder à une alimentation moins chère et équilibrée en tenant compte de leurs revenus et de leur composition familiale. Une mesure essentielle quand on sait que les enfants de familles modestes sont deux fois moins nombreux à manger à la cantine scolaire que les enfants de ménages favorisés ou très favorisés. Une mesure qui gagnerait à être généralisée alors qu'une minorité de communes seulement sont aujourd'hui dotées d'un tel dispositif.

On peut aussi évoquer les mesures de gratuité des transports en commun que pratiquent certaines collectivités pour des publics ciblés (les moins de 18 ans à Strasbourg, Lille, Paris ou Rennes) ou pour tous, mais certains jours de la semaine (le samedi ou le week-end à Rouen, Nantes, Nancy, etc.), et parfois même pour l'ensemble de la population comme c'est le cas aujourd'hui dans une quarantaine de villes (Dunkerque, Montpellier, Niort, Aubagne, etc.).

La question des transports recouvre des enjeux qui ne sauraient se réduire à de telles mesures tant les chantiers à mener sont vastes : de la nécessité de mettre en place des primes importantes pour permettre aux ménages modestes d'acheter un véhicule électrique en passant par le développement massif du ferroviaire et des transports en commun ou la nécessité d'augmenter fortement le « fonds mobilités actives » pour aider les communes à développer l'usage du vélo…

Mais là encore, l'idée de soutenir sans attendre les ménages qui ont de faibles ressources dans leurs déplacements est essentielle dans la mesure où les coûts liés au transport avoisinent les 20 % du budget mensuel des 10 % des ménages les plus pauvres.

Ce que je tiens à souligner en présentant ces quelques exemples, c'est la philosophie d'action qui sous-tend ces mesures et dispositifs. À savoir se concentrer sur l'accessibilité aux besoins essentiels des ménages les plus pauvres et modestes (se loger, se nourrir, se déplacer, etc.), tout en répartissant les efforts proportionnellement aux capacités de chacun et en agissant sur le front écologique via un encouragement des pratiques vertueuses.

Il y a dans ces modes d'approche un champ de développement considérable qu'il me semble urgent d'investir tant du côté des collectivités territoriales que de celui de l'État.

9

Engager une nouvelle philosophie d'action (4)
Soutenir (vraiment) les personnes les plus en difficulté

Pour terminer de jeter les bases de politiques publiques plus justes, plus écologiques et adaptées à la situation de notre pays, il me semble important de revenir sur la nécessité de soutenir davantage les personnes en situation de fragilité.

Je pense en premier lieu à celles qui n'ont aucune ressource et se tournent vers le revenu de solidarité active (RSA), le dernier filet de sécurité de notre système de protection. Cette dimension de « dernier filet de sécurité » renvoie à une question essentielle. Elle détermine dans quelles conditions vont pouvoir vivre ceux qui n'ont plus rien et les efforts que la société est disposée à endosser pour les soutenir.

Nous avons déjà évoqué le chantier abandonné du revenu universel d'activité (RUA) qui était, pour ainsi dire, LE projet structurant du premier quinquennat d'Emmanuel Macron en matière de lutte contre la pauvreté. Le second quinquennat a démarré en pointant du doigt les bénéficiaires du RSA : on leur a annoncé de nouvelles contreparties, plutôt que de porter un discours de soutien pour leur offrir du réconfort et surtout des perspectives.

À l'heure où j'écris ces lignes, on ne sait pas encore quel sort sera définitivement réservé à ce projet d'imposer « 15 à 20 heures d'activité » par semaine aux bénéficiaires du RSA. Mais le principe est inquiétant dans la mesure où il sous-entend un manque de volonté de « s'en sortir » de la part des personnes qui en bénéficient et parce que sa mise en œuvre pourrait bien conduire à détourner des allocataires de la demande de RSA, alors que déjà près de 30 % des bénéficiaires potentiels ne le sollicitent pas.

Les louables objectifs affichés par la réforme de mieux accompagner les personnes et de leur faciliter l'accès à la formation sont à saluer… seulement si les moyens suivent. En revanche, les sanctions envers les allocataires en cas de non-respect des objectifs, si elles étaient appliquées, risqueraient de conduire à une suspension voire une radiation pour certains de leurs maigres allocations, conduisant ainsi à davantage d'exclusion.

En tout cas, les associations et les personnes concernées passent beaucoup de temps depuis deux ans à expliquer en quoi c'est une « fausse bonne idée » et pourquoi il est absolument essentiel de maintenir un dernier filet de sécurité qui reste un droit ouvert et non conditionné.

Constat amer, qui agite le débat public mais fait fi de toutes les histoires individuelles des personnes qui ont un besoin impérieux de cette aide et de stabilité. Je veux parler de personnes confrontées à des problèmes de santé physiques ou psychologiques, de personnes très éloignées de l'emploi et pour qui le parcours de formation et d'insertion va demander du temps. Sans oublier celles qui subissent de fortes contraintes, qui parfois se cumulent : absence de logement pour les plus précaires et pour d'autres, difficultés de mobilité liées à l'isolement géographique, difficultés à faire garder ses enfants notamment pour les familles monoparentales, obligation de s'occuper d'un proche en perte d'autonomie, etc.

Constat amer aussi parce que le problème est pris à l'envers. Certes, il n'y a pas d'opposition de principe à ce que des obligations puissent porter sur la formation, les entretiens avec des conseillers, le respect d'un contrat d'engagement par les bénéficiaires… ce qui est d'ailleurs l'esprit qui a guidé initialement la création du RMI. Mais la bonne question reste celle de savoir quels moyens sont mis concrètement en œuvre pour soutenir les personnes dans leurs parcours vers l'emploi, pour les former, les accompagner sur les questions de santé ou de logement, etc.

Or les moyens dédiés à l'accompagnement des bénéficiaires du RSA ont chuté d'environ 30 % en une quinzaine d'années. Voilà le vrai sujet qui devrait occuper les esprits si l'on souhaite réellement soutenir les personnes et les accompagner dans leur émancipation. Sans compter que, comme nous l'avons déjà souligné, le montant du RSA a progressivement décroché par rapport au Smic, le rendant ainsi moins performant. Et qu'il n'est toujours pas ouvert aux jeunes de moins de 25 ans.

Deux réalités qu'il faut désormais corriger.

Aider les jeunes : une urgence absolue

La précarisation des jeunes et des étudiants s'intensifie. Un quart des 18-24 ans vit sous le seuil de pauvreté. Désormais, une partie de notre jeunesse subit de plein fouet le choc de l'inflation, rendant encore plus difficile le quotidien de beaucoup : mal-logement, précarité énergétique, mauvaise alimentation, renoncements à certains soins ou projets de vie (arrêt des études, vie en couple ou premier enfant différés).

Parmi ceux qui n'ont pas la possibilité de se faire aider par leurs parents ou leur environnement proche, certains se trouvent en très grande précarité, isolés, sans ressources… et sans soutien de la puissance publique puisque les minima sociaux ne leur sont pas ouverts avant 25 ans. Ce sont ces constats qui ont conduit de longue date les associations de solidarité à demander l'ouverture du RSA aux jeunes de moins de 25 ans. Ouverture qui n'est pourtant toujours pas à l'ordre du jour.

À la place, le gouvernement a créé en mars 2022 le Contrat engagement jeune (CEJ), qui a succédé à la Garantie jeune. Comme cette dernière, le CEJ n'est pas un droit ouvert mais un dispositif contingenté. Le nombre de personnes qui peuvent en bénéficier dépend du budget que l'on veut bien y consacrer chaque année. Ce contrat est par ailleurs limité dans le temps : 12 mois, voire 18 dans des cas exceptionnels.

Une fois entrés dans le dispositif, les jeunes se voient proposer par les missions locales ou Pôle emploi un accompagnement obligatoire de 15 à 20 heures par semaine et une allocation de 528 euros. Suite à son lancement en mars 2022, 300 000 CEJ ont été signés en un an.

Le CEJ est à n'en pas douter utile et important pour ceux qui en bénéficient pendant la durée du dispositif[1]. Mais selon moi, le besoin reste entier d'ouvrir une aide minimale (type RSA) qui prenne la forme d'un droit ouvert, non limité dans le temps.

J'ai hélas souvent croisé des jeunes qui se sont retrouvés sans aucune ressource après avoir bénéficié du soutien qu'offrait la Garantie jeunes ; mais après ? Point de salut. Point de soutien. De sorte que la France reste l'un des derniers pays d'Europe à priver ses jeunes de filets de sécurité fiables alors que 24 pays européens ont ouvert un tel droit. Elle les cantonne à une solidarité familiale qui s'éternise ou à l'exclusion lorsqu'ils sont en rupture familiale.

Lors de ces rencontres, j'ai également pu constater à quel point certains jeunes se confrontent au cercle vicieux du logement et de l'insertion professionnelle : sans logement stable, difficile de s'impliquer dans un projet de formation, et sans emploi, difficile de trouver un logement.

Il s'agit là d'un besoin urgent pour offrir un minimum de dignité à ces jeunes. Il faut leur permettre de se projeter, se loger, s'alimenter et se soigner convenablement et éviter qu'ils ne sombrent durablement dans l'exclusion. Pour illustrer ce que permettrait de faire cet

1. Pour approfondir le sujet, voir le rapport de l'Inspection générale des affaires sociales de mars 2023 : « Contrat d'engagement jeune : les réserves de l'Inspection générale des affaires sociales », https://www.banquedesterritoires.fr/contrat-dengagement-jeune-les-reserves-de-linspection-generale-des-affaires-sociales et https://www.igas.gouv.fr/IMG/pdf/2022-071r-rapport.pdf

élargissement du RSA, citons les propos du vice-président du Conseil d'orientation des politiques de jeunesse, Antoine Dulin. Dans un Tweet de mars 2023, il estimait, faisant écho à une récente recherche, qu'il y aurait « 20 % de sans-abri de 18-25 ans en moins si le RSA était versé dès 18 ans ».

Ce ne serait qu'un premier pas certes, mais un premier pas tellement salutaire…

À la rescousse du RSA…

Le deuxième enjeu majeur est la revalorisation du RSA à un niveau permettant d'éradiquer une part significative de la pauvreté (ou à tout le moins de la grande pauvreté) dans notre pays. Pour rappel, le montant du RSA en 2023 pour une personne seule est de 607 euros. Si la personne bénéficie parallèlement d'une aide au logement ou si elle n'a pas de dépenses de logement (une personne logée à titre gratuit par exemple), le niveau est de 534 euros.

Des montants qui ont fortement décroché par rapport au coût de la vie depuis la création de la prestation en 1988 et qui permettent rarement de vivre dans de bonnes conditions.

Sur ce sujet aussi, les acteurs de la lutte contre les exclusions qui connaissent bien la dure réalité subie par les plus pauvres considèrent comme essentiel de faire évoluer significativement le montant de la prestation.

Avec comme ligne de mire l'idée d'aboutir à terme à un « revenu minimum garanti » pour toutes les personnes qui en ont besoin, sous plafond de ressources[1], et avec un montant de prestation à hauteur de 50 % du revenu médian des ménages en France, soit un peu plus de 900 euros pour une personne seule.

Un revenu minimum qui doit par ailleurs être versé le plus automatiquement possible (pour lutter contre le non-recours qui est aujourd'hui très élevé), et sans contreparties autres que celles qui existent actuellement pour le RSA, c'est-à-dire respecter les engagements pris dans le cadre du projet personnalisé de retour à l'emploi.

J'ai bien conscience qu'un tel projet n'est pas dans les tuyaux aujourd'hui et se situe même à contre-courant des orientations choisies par une large part de la classe politique, mais il nous faudra y venir, à un moment ou un autre, le plus tôt étant évidemment le mieux. Et dans l'immédiat, il est a minima nécessaire et urgent de revaloriser le montant du RSA au niveau de l'inflation, comme cela se fait de façon automatique pour le Smic. J'ai conscience là aussi qu'il s'agit d'un effort réel pour le budget du pays, mais c'est un investissement social indispensable pour contribuer à améliorer le sort des plus fragiles.

Un des enseignements de la période Covid, c'est qu'avec les minima sociaux, il est très difficile de vivre dignement et souvent nécessaire de se tourner vers des aides complémentaires…

---

1. Ce qui diffère sensiblement de dispositifs proposés par certains acteurs sociaux ou politiques (par exemple le « revenu de base » ou le « revenu d'existence ») qui considèrent qu'il serait nécessaire de mettre en place une aide minimale sans conditions de ressources. Cf. par exemple : Mouvement français pour un revenu de base, https://www.revenudebase.info/

Nous avons par exemple pu mesurer à quel point une partie de la population était tributaire de la distribution d'aide alimentaire, au moment où des maraudes, des épiceries sociales, des lieux de distribution de biens de première nécessité ont fermé ou réduit leur voilure lors du premier confinement.

Fin mars 2020, constatant que de nombreuses personnes ne pouvaient plus se rendre dans les lieux de distribution pour accéder à ces produits essentiels, la Fondation Abbé Pierre a pris la décision de distribuer en urgence des tickets-service (des tickets similaires aux chèques-restaurants) d'une valeur unitaire de 10 euros afin de leur permettre de se tourner vers les supermarchés restés ouverts pendant la pandémie et d'acheter de la nourriture et des produits d'hygiène.

En deux mois, grâce à la générosité de ses donateurs et par l'intermédiaire de près de 300 associations partenaires, la Fondation a ainsi distribué 100 000 tickets-service à des personnes en grande difficulté.

Un soutien qui nous a permis une fois de plus de mesurer l'extrême fragilité des personnes sans domicile et de celles dont les ressources se limitent aux minima sociaux. Mais aussi d'une partie plus large de la population. Comme certaines familles des quartiers populaires pour qui la fermeture des cantines scolaires (qui permettent des repas équilibrés à faible coût) et l'accès réduit pendant le confinement à des commerces à bas prix ont fragilisé encore davantage des budgets où chaque euro compte.

Ou de mesurer encore la dureté des situations que vivent de plus en plus d'étudiants (ceux qui ne peuvent s'appuyer sur la solidarité familiale ou des étudiants étrangers isolés) qui peinent à disposer du minimum pour vivre dignement.

Cette séquence inédite a créé un effet de loupe sur la fragilité financière de millions de nos concitoyens et sur la nécessité de déployer un filet de sécurité qui les protège réellement.

En n'oubliant surtout pas que faire appel au RSA n'est jamais un choix mais une nécessité. En se rappelant aussi que déployer un dispositif de solidarité pour protéger chaque personne, quels que soient les difficultés et obstacles rencontrés, ne renvoie pas à un acte de « charité », mais à un droit à des moyens d'existence convenables, lequel figure dans le préambule de notre Constitution[1].

En se disant aussi qu'une telle ambition honore les pays qui mettent tout en œuvre pour la déployer de manière efficace.

Le lourd dossier de l'aide au logement

Au-delà du RSA et plus largement des minima sociaux (minimum vieillesse, allocation aux adultes handicapés, allocation de solidarité spécifique, etc.), la question des APL doit par ailleurs faire l'objet d'une attention renouvelée. Pourquoi ? Parce que dans un

1. L'article 11 du préambule de la Constitution du 27 octobre 1946 « garantit à tous, notamment à l'enfant, à la mère et aux vieux travailleurs, la protection de la santé, la sécurité matérielle, le repos et les loisirs. Tout être humain qui, en raison de son âge, de son état physique ou mental, de la situation économique, se trouve dans l'incapacité de travailler a le droit d'obtenir de la collectivité des moyens convenables d'existence ».

contexte où le coût du logement pèse de plus en plus lourd dans le budget des ménages, les APL jouent un rôle essentiel : versées sous conditions de ressources, elles sont indispensables à l'équilibre des budgets à bas revenus et il s'agit, avec les minima sociaux, de l'aide la plus efficace pour faire sortir les ménages de la pauvreté. Mais aussi parce que ces aides ont, rappelons-le, fait l'objet de coupes très importantes depuis quelques années.

En 2021, 5,4 millions de ménages percevaient une aide au logement, un chiffre en nette baisse par rapport à 2020 (6,7 millions), du fait des mesures d'économie réalisées et du changement de mode de calcul instauré par le gouvernement. Ainsi 15,7 milliards d'aides au logement ont ainsi été versées par la Caisse nationale des allocations familiales (CNAF) en 2021, en recul de 5,7 % par rapport à 2020.

Nous l'avons déjà souligné, le gouvernement, à partir de l'été 2017, a multiplié les coupes dans les aides au logement : gels et quasi-gels du montant de la prestation, baisse mensuelle de 5 euros, suppression des APL pour les accédants à la propriété, mise en place de la réduction de loyer de solidarité pour les locataires HLM, calcul en « contemporanéité [1] »…

Des coupes dans les dépenses de l'État qui ont atteint 4 milliards d'euros pour la seule année 2022. Une partie de ces baisses ont conduit à réduire la voilure de l'aide apportée directement aux ménages. Et une autre est venue amputer le budget des bailleurs sociaux qui ont

1. Depuis le 1er janvier 2021, le montant des aides est calculé tous les trois mois, sur la base des revenus des douze derniers mois, et non plus tous les ans sur la base des revenus perçus deux ans avant.

dû compenser une baisse forcée des APL de leurs locataires, via un mécanisme imposé par le gouvernement bien complexe et pour tout dire, pas nécessairement bien nommé : la réduction de loyer de solidarité[1].

La réforme dite de la « contemporanéisation » est quant à elle un peu différente dans la mesure où c'est le mode de prise en compte des ressources dans le calcul de l'aide qui a changé. Elle a toutefois abouti, lors de la première année de sa pleine mise en œuvre, à une économie de plus de 1 milliard d'euros et à la suppression des APL pour environ 500 000 ménages. Les perdants se trouvent principalement parmi les allocataires ayant récemment connu meilleure fortune, par exemple les jeunes trouvant un premier emploi, à cette période de la vie où les premiers emplois sont précaires, les salaires modestes et les loyers plus élevés (loyers à la relocation et petits logements qui sont souvent les plus chers dans les grandes villes…).

Si le principe de calculer les ressources des allocataires sur l'année en cours n'est pas en soi contestable, il aurait été souhaitable que les économies générées soient fléchées pour améliorer l'efficacité des APL qui ont beaucoup perdu de leur impact au fil des dernières décennies.

Car au-delà de la triste actualité de ces six dernières années sur le front des APL, on assiste à un net décrochage

1. Depuis 2018, l'État impose aux bailleurs sociaux d'appliquer une réduction de loyer de solidarité (RLS) à leurs locataires dont les revenus sont inférieurs à certains plafonds. À noter que la RLS s'accompagne d'une baisse quasi équivalente des APL versées à ces mêmes locataires…

depuis une vingtaine d'années entre ces aides et les dépenses réellement supportées par les ménages. Ce décrochage s'explique principalement par des actualisations insuffisantes de leurs montants au fil des décisions gouvernementales. Les loyers moyens des bénéficiaires des APL ont par exemple augmenté deux fois plus fortement que les loyers pris en compte dans le calcul des aides entre 2000 et 2010. Même phénomène concernant les charges : les dépenses d'énergie et d'eau des ménages ont progressé de 39 % pendant la décennie 2000, alors que le forfait « charges » des aides personnelles n'a été revalorisé que de 11 %. Ces données n'ont pas fait l'objet d'une actualisation dans la dernière décennie, mais la situation s'est encore dégradée du fait des récentes mesures d'économie.

Enfin, l'évolution depuis vingt ans des plafonds de revenus au-delà desquels aucune aide n'est accordée montre un resserrement des APL sur les ménages disposant des plus faibles ressources. En 2021, dans les agglomérations de plus de 100 000 habitants hors Paris, était exclue de l'APL une personne isolée dès qu'elle percevait 0,97 Smic (contre 1,15 Smic en 1996) et un couple avec 2 enfants dès qu'il percevait 1,80 Smic (contre 2,14 Smic en 1996).

Autant de réalités qui ont conduit à affaiblir sensiblement la portée et l'efficacité de cette prestation sociale créée il y a près de cinquante ans[1] sous la présidence de Valéry Giscard d'Estaing. Autant de réalités qui

1. L'APL a été créée par la loi de 1977 à la suite de la création de l'allocation de logement familiale (ALF) en 1948 et de l'allocation de logement sociale (ALS) en 1971.

imposent de réévaluer rapidement et significativement cette aide majeure.

Se donner les moyens de nos ambitions sociales

À l'heure où j'écris ces lignes, le gouvernement vient d'annoncer une nouvelle réduction du bouclier énergétique mis en place à l'automne 2021. Un bouclier dont nous avons déjà parlé en pointant son utilité mais aussi son immense coût pour les finances publiques (24 milliards d'euros en 2022, 29 milliards en 2023), et son caractère peu égalitaire puisqu'il n'est pas du tout ciblé. Ce retrait progressif du bouclier a conduit à une augmentation de 10 % des tarifs réglementés de l'électricité en août 2023, après une hausse de 15 % en février 2023. Des augmentations amenées à encore évoluer dans les mois et années à venir, d'où l'urgence de tripler le montant du chèque énergie de façon à soutenir les ménages les plus modestes et leur permettre de faire face à leurs dépenses de chauffage.

L'idée défendue ici est de glisser progressivement d'un dispositif d'aide très coûteux, parce que touchant l'ensemble de la population (le bouclier énergétique), à un autre, moins onéreux et ciblant les ménages qui ont le plus besoin d'être aidés.

Tout ceci représente un coût important, me direz-vous.

En effet, ce sera le cas si on augmente le montant du RSA qui s'adresse aujourd'hui à 1,9 million de personnes ; un coût plus ou moins élevé selon que l'on se contenterait de le mettre au niveau de l'inflation (le minimum à faire, comme cela se pratique automatiquement pour le Smic), ou en se donnant une plus grande ambition dans la perspective de tendre progressivement vers un montant proche du revenu médian comme cela serait nécessaire pour garantir des conditions de vie dignes aux personnes en situation de précarité.

Ce serait également le cas si on revalorisait les APL. Avec là aussi une double détente possible : a minima une hausse qui permettrait de rattraper l'inflation et les coupes opérées depuis 2017 ; et une hypothèse plus ambitieuse qui consisterait à faire un effort supplémentaire pour accroître les capacités des ménages modestes à se loger dans de bonnes conditions.

Un coût supplémentaire aussi si la décision était prise de tripler le montant du chèque énergie, même si cela resterait, et de très loin, bien moins cher que le bouclier énergétique actuel mis en place par le gouvernement.

Mais c'est le prix à payer pour garantir des conditions de vie dignes à nos concitoyens les plus modestes et leur assurer des protections durables.

Parce que nous parlons bien ici des conditions de vie de la frange la plus fragile de notre population, de son quotidien, de ses souffrances, de ses craintes, de la honte qu'elle ressent parfois pour ses enfants, de sa santé, de son émancipation, de sa capacité à se projeter dans l'avenir…

C'est de tout cela qu'il s'agit et c'est pour cette raison que je n'ai pas très bien vécu une séquence avec le Premier ministre, Édouard Philippe, à qui je faisais part, lors d'une réunion à l'automne 2018, d'une demande de réévaluation du RSA et qui m'avait répondu : « Vous savez, la grande majorité des personnes qui entrent dans cette salle demande des moyens supplémentaires au gouvernement… »

Certes, je n'en doute pas, mais il ne s'agit pas ici de voiries, de monuments ou de voitures ; il s'agit d'améliorer, au nom de la solidarité nationale, les conditions de vie de personnes en réelle fragilité… C'est d'ailleurs dans ce même état d'esprit, me semble-t-il, que le gouvernement a initié le reste à charge zéro pour favoriser l'accès aux lunettes et aux prothèses auditives ou dentaires sur des produits d'entrée de gamme.

Sans compter que la pertinence économique de politiques plus protectrices n'est pas non plus à négliger au regard de la réduction ainsi générée des coûts provoqués par la pauvreté et le mal-logement, en particulier en termes sanitaires et sociaux. L'idée est de changer d'approche en considérant qu'il est souhaitable et efficace de prévenir plutôt que de guérir.

Pertinent économiquement aussi parce que toutes nouvelles ressources octroyées à des ménages à faibles revenus seront, on le sait, immédiatement réinjectées dans l'économie réelle et non pas épargnées.

Mais pour se placer dans une telle logique, encore faut-il intégrer le temps long, les coûts évités et sortir de la seule lecture macroéconomique comme de la gestion à la petite semaine.

Ne pas voir ces réalités relève de la cécité, ne pas le comprendre est de mon point de vue une faute politique.

On voit bien que face à ces crises qui se succèdent et se superposent, la puissance publique est poussée à déployer des réponses d'urgence et temporaires plus ou moins coûteuses (les chèques pendant la période Covid ou le bouclier énergétique par exemple). Mais ces mesures, aussi utiles soient-elles, n'intègrent pas le temps long indispensable à toute amélioration des situations sociales. Elles ne permettent pas de déployer une protection durable et d'offrir des perspectives aux personnes concernées comme aux acteurs mobilisés pour les accompagner. Il est donc nécessaire de faire preuve de plus grandes ambitions et de donner un cap lisible pour que chacun puisse se projeter vers un avenir meilleur.

Il n'en reste pas moins que la mise en place de telles protections impose de dégager des moyens financiers importants. D'où la nécessité de stopper l'hémorragie des baisses d'impôts de ceux qui ont la capacité de contribuer au bien commun (tant du côté des ménages que des entreprises), de mieux cibler les dépenses et de davantage partager les richesses ; trois dimensions essentielles que nous n'avons cessé de marteler tout au long de cet ouvrage…

10

Des résistances pas toujours animées par de bonnes raisons

Au regard de la multitude des besoins, et quelque peu refroidi par de nombreuses confrontations au monde politique et au redoutable « principe de réalité » si fréquemment mis en avant, j'ai bien conscience que les solutions esquissées dans les chapitres précédents sont loin d'épuiser le débat sur ce que doit être une politique publique, sociale et écologique digne de ce nom. Il faudrait y consacrer deux ou trois ouvrages comme celui-ci…

Mais elles ont, selon moi, l'immense mérite de remettre au centre du jeu ceux qui ont besoin d'être aidés sans renvoyer cette action aux calendes grecques, après un hypothétique « ruissellement » ou un « moment opportun ».

Elles présentent également le grand intérêt de combiner des enjeux sociaux et écologiques tout en intégrant la question de leur financement via une plus forte redistribution des richesses.

Dès lors la question se pose de savoir pourquoi elles ne sont pas mises en œuvre ou alors de façon si timide que leur impact ne suffit pas à changer la donne. Nous parlons ici d'enjeux tellement essentiels à l'homme et à la planète qu'il est légitime de se demander pourquoi ils ne constituent pas la priorité des priorités. C'est en tout cas une question qui me taraude continuellement compte tenu des dégâts provoqués par l'ancrage de la pauvreté, la montée des précarités, le creusement des inégalités, les périls écologiques qui frappent encore plus durement les plus modestes…

Rien n'est simple bien sûr et ces enjeux en croisent d'autres essentiels à traiter (la santé, l'éducation ou le travail). Mais les urgences sont là et les chantiers à mener prennent du temps à produire leurs effets. D'où la nécessité d'agir sans tarder et de décrypter, sans fausse pudeur, les raisons de cette timidité et de ces résistances pour tenter de les dépasser.

Il est urgent de sortir de l'idéologie…

La mise en œuvre de ces chantiers se heurte bien souvent à des dogmes, des raccourcis idéologiques plus qu'à des analyses basées sur l'efficacité ou la portée des mesures. C'est en particulier le cas des dispositifs d'encadrement ou de régulation des marchés dont nous avons parlé en faisant référence aux prix des loyers, du foncier et aux locations saisonnières. Non coûteux et rapides à mettre en place, ils sont pourtant fréquemment remis en cause au prétexte que réguler les marchés dissuaderait les investissements et perturberait les équilibres « naturels » économiques… Et ce sans pour autant que ces analyses soient pleinement étayées et, surtout, en oubliant un peu vite combien ces mesures sont susceptibles de changer la donne pour beaucoup.

Ce qui est vrai à propos des marchés immobiliers l'est parfois aussi pour d'autres biens essentiels tels que l'eau, l'énergie… D'où, selon moi, la nécessité de sortir de l'idéologie et de la seule lecture macroéconomique, pour remettre au cœur de l'action publique la question de l'accès effectif de tous à ces biens de première nécessité.

Des raccourcis, des lectures globalisantes sont aussi régulièrement à l'origine de remises en cause de dispositifs de soutien à des publics fragilisés, jugés un peu trop hâtivement « pas assez efficaces ».

Je pense par exemple à la politique de la ville qui s'est déployée depuis la fin des années 1970 pour soutenir les habitants des quartiers populaires et réduire les inégalités entre ces territoires et les autres parties de la ville. On entend souvent dire qu'elle « coûte trop cher », que « malgré des décennies de dispositifs spécifiques, ça ne marche pas », qu'il « suffit de constater le niveau d'insécurité, le développement du trafic de drogue ou la montée de l'extrémisme religieux pour s'en convaincre », etc.

Cela a encore été le cas dans le débat public suscité par les violences urbaines qui ont suivi la mort de Nahel M., tué par un policier à Nanterre le 27 juin 2023, comme cela l'avait été en 2005 après la mort de Zyed B. et Bouna T. à Clichy-sous-Bois.

Mais que veut dire marcher ou ne pas marcher ? On parle ici d'une politique qui concerne plus de 1 500 quartiers regroupant plus de 5,5 millions d'habitants confrontés à une multitude de difficultés dont deux indicateurs à eux seuls donnent à voir l'ampleur : en 2019, les quartiers concernés par la politique de la ville comptaient un taux de chômage de 22,5 % (contre 8,4 % en France métropolitaine) et en 2017, un taux de pauvreté de 43,5 %, soit trois fois plus qu'en France métropolitaine.

Considérer que la politique de la ville serait en échec parce que ces territoires font face à d'importants problèmes, notamment d'insécurité, est bien réducteur. L'enjeu de sécurité y est évidemment essentiel pour protéger les biens et les personnes, sans oublier que ce sont les habitants de ces quartiers qui en sont, et de loin, les premières victimes. Mais les seules mesures sécuritaires, aussi nécessaires soient-elles, ne sauraient répondre à la diversité des défis et difficultés rencontrés. Pas plus que la seule responsabilité parentale un peu vite pointée du doigt lors des violences urbaines qui ont suivi la mort de Nahel M.

Les enjeux auxquels se confrontent ces territoires sont immenses et très divers. Ils recouvrent des difficultés d'accès aux services et équipements publics (éducation, santé, transports, etc.), à l'emploi, à de bonnes conditions de logement. Ils renvoient à la lutte contre les discriminations sociales et territoriales, aux freins à la mobilité sociale et résidentielle. Ils recoupent à certains égards la question de l'intégration d'étrangers récemment arrivés sur le sol français, celle liée aux tensions entre une partie de la jeunesse et les forces de l'ordre…

Ils se concentrent massivement en milieu urbain mais touchent aussi parfois des territoires moins peuplés. Ils sont particulièrement inquiétants au regard de la situation des plus jeunes mais concernent toutes les catégories d'âge.

Ces dures réalités ne cessent d'ailleurs de se rappeler à nos bons souvenirs, comme cela a de nouveau été le cas pendant la pandémie ou encore lors des récents épisodes de fortes chaleurs qui ont rendu encore plus visibles la surreprésentation des difficultés qu'ils subissent[1].

Dès lors, conclure que la politique de la ville est en échec sans tenir compte de ces réalités et de la diversité des enjeux qu'elles recouvrent, revient à faire l'impasse sur bien des carences de la République dont souffrent ces territoires et nombre de leurs habitants…

C'est aussi oublier un peu vite tout ce que cette politique a permis de faire au fil des décennies sur les plans sociaux, éducatifs, culturels, urbains… en s'appuyant sur des moyens dédiés et la détermination d'élus, d'acteurs publics, d'associations, de collectifs d'habitants, d'entreprises, qui se sont avérés essentiels.

Le problème n'est donc pas tant le diagnostic (largement connu et partagé, à condition de bien vouloir le regarder en face) ou l'inefficacité supposée de la politique de la ville que l'insuffisance des moyens dont disposent ces quartiers populaires au regard de l'ampleur de la tâche. Ce dont ont besoin ces territoires, c'est d'un renforcement des politiques de droit commun couplé à des moyens dédiés supplémentaires (ce qui est l'objet

1. Selon une enquête d'Harris Interactive publiée en septembre 2022, 70 % des habitants des quartiers prioritaires de la politique de la ville (QPV) ont été confrontés à une température trop haute dans leur logement pendant l'été (contre 56 % au niveau national), 52 % à une température trop basse pendant l'hiver (contre 35 %). Plus de la moitié de ces habitants relatent aussi des difficultés à trouver un endroit pour bénéficier de fraîcheur dans leur quartier.

de la politique de la ville) pour soutenir des habitants et des quartiers qui cumulent davantage de difficultés que les autres et ne demandent qu'à vivre dans les mêmes conditions que les autres.

Or un tel sursaut tarde à voir le jour, comme cela a encore été le cas lors de l'épisode de la remise du rapport de Jean-Louis Borloo[1] demandé par le gouvernement à l'ancien ministre de la Ville de Jacques Chirac (2002-2004), devenu ensuite ministre de l'Emploi, de la Cohésion sociale et du Logement. Un travail de six mois réalisé avec des élus, associations, habitants, experts… balayé d'un revers de la main à la grande surprise des centaines de personnes (dont je faisais partie) invitées lors de la restitution des travaux à l'Élysée en mai 2018.

Difficile de décrypter les raisons politiques ou les désaccords de fond qui ont conduit à ce que ce rapport soit ainsi écarté, mais toujours est-il que le sursaut espéré continue de se faire attendre…

De pauvres débats et de profonds dégâts…

On pourrait faire des observations de même nature à propos de dispositifs de soutien aux demandeurs d'emploi ou aux bénéficiaires de minima sociaux qui souffrent trop souvent, dans le débat public, de raccourcis et d'une mise à l'index parce que le problème continue d'exister. La ficelle consistant à vouloir affaiblir les

1. « Vivre ensemble vivre en grand pour une réconciliation nationale », https://www.vie-publique.fr/rapport/37321-vivre-ensemble-vivre-en-grand-pour-une-reconciliation-nationale

protections sous prétexte que le problème n'est pas résolu est évidemment bien trop grosse pour être prise au sérieux. Et pourtant cet « alibi » resurgit régulièrement.

C'est le cas des mesures d'affaiblissement de l'assurance chômage souvent justifiées par le fait que des emplois restent non pourvus. Le lien de cause à effet peut apparaître à première vue séduisant. Mais il s'agit là encore d'une lecture macroéconomique qui fait fi de la complexité des situations personnelles ou territoriales comme des besoins d'accompagnement des personnes très éloignées de l'emploi. D'une lecture qui repose sur une telle simplification que l'on peut légitimement penser que l'ambition est moins de se rapprocher de la réalité de ce que vivent concrètement les personnes que de faire des économies sur le dos des plus fragiles.

Ce sont les mêmes mauvais ressorts qui, je le redis, conduisent la France à être l'un des seuls pays européens à refuser, sous couvert d'un hypothétique risque d'assistanat, l'ouverture du RSA aux moins de 25 ans. De faibles arguments qui donnent lieu à de pauvres débats, lesquels ne seraient pas si graves s'ils ne provoquaient pas de profonds dégâts sociaux.

Au moment où j'écris ces lignes, une loi on ne peut plus inquiétante, portée par la majorité Renaissance, vient d'ailleurs d'être adoptée après avoir fait appel à des ressorts proches de ceux que l'on vient de décrypter. Votée au Parlement le 14 juin 2023, la loi dite « antisquat » criminalise les pauvres et les mal-logés plutôt que de chercher à résoudre leurs problèmes. Sous couvert de protéger le droit de propriété, elle expose les personnes occupant un bâtiment d'habitation ou commercial, même vide, à deux ans d'emprisonnement et 30 000 euros d'amende. Parallèlement, le délit de violation de domicile est étendu aux bâtiments vacants et voit ses peines triplées. Ce à quoi s'ajoute une procédure d'expulsion administrative en soixante-douze heures, sans contrôle préalable du juge, reposant entièrement sur les forces de l'ordre et le préfet. Et cela sans aucune obligation de proposer ne serait-ce qu'un hébergement alternatif.

Cette loi pénalise durement les personnes sans abri, ceux qui sont confrontés à un retard de paiement à cause d'un incident de la vie, ou ceux qui sont tellement vulnérables qu'ils sont contraints, faute de mieux, de se mettre à l'abri dans un local, un hangar, parfois vide ou abandonné depuis des années. Des milliers de personnes en situation de précarité se retrouvent dès lors potentiellement menacées d'expulsion, de peine de prison, d'amende, de casier judiciaire… pour avoir tenté d'éviter la rue.

L'incompréhension et l'inquiétude suscitées par cette loi ont été vives chez beaucoup d'acteurs de la vie politique et sociale de notre pays. Nous avons été nombreux [1] à nous opposer aux pires passages de ce texte et à nous mobiliser auprès du gouvernement et du Parlement pour témoigner des risques que la loi ferait peser sur les plus démunis. Avec Olivier De Schutter, juriste et rapporteur spécial des Nations unies sur l'extrême pauvreté et les droits humains, nous avons publié une

1. Associations de lutte contre l'exclusion, syndicats, défenseure des droits, Commission nationale consultative des droits de l'homme, Agence nationale pour l'information sur le logement, Syndicat de la magistrature, etc.

tribune dans le quotidien *Le Monde*[1] dans laquelle nous avons rappelé les propos de l'abbé Pierre qui résonnent douloureusement après le vote de cette loi : « Il ne faut pas faire la guerre aux pauvres mais à la pauvreté. » Mais ces nombreuses tentatives d'infléchissement du texte ont été vaines, de sorte qu'aujourd'hui on ne peut qu'espérer qu'à terme la raison reviendra et permettra de supprimer ces dispositions honteuses.

Par le tout petit bout de la lorgnette

En attendant, la question reste de savoir comment a-t-on pu arriver à voter un tel texte ? Et plus précisément à oublier tout ce que vivent les plus pauvres, leurs difficultés, leurs besoins de soutien, le fait que notre pays compte plus de 4 millions de mal-logés et 330 000 personnes sans domicile. À oublier que les hausses de dépenses liées au logement fragilisent des pans entiers de la population, que les expulsions locatives atteignent chaque année un nouveau record, que des milliers de personnes vivant à la rue appellent chaque soir le 115 sans se voir proposer de solution d'hébergement… Et cela en prenant le parti du droit de propriété contre celui des plus vulnérables ; en prenant le risque de rompre l'équilibre entre droit à l'habitat et droit de propriété, alors que quarante ans d'évolution de la législation avaient peu ou prou permis d'aboutir à un relatif équilibre.

1. « Le mal-logement et la pauvreté n'ont pas leur place dans le Code pénal », *Le Monde*, 26 juin 2023, https://www.lemonde.fr/idees/article/2023/06/26/le-mal-logement-et-la-pauvrete-n-ont-pas-leur-place-dans-le-code-penal_6179274_3232.html

Les arguments qui ont ponctué cet épisode législatif sont bien peu glorieux : il s'est agi d'édulcorer les raisons qui conduisent les plus précaires à recourir à des solutions de survie ou de dramatiser les difficultés extrêmes rencontrées par un nombre très limité de propriétaires. Tout en donnant l'illusion à nos concitoyens de traiter les problèmes alors que le sujet n'est appréhendé que par le tout petit bout de la lorgnette : au départ, les auteurs du texte ont justifié la nécessité de cette loi en pointant la question du « squat de domicile ». Or celle-ci concerne en réalité moins de 200 cas par an, selon l'Observatoire des squats du gouvernement. Sans compter que l'écrasante majorité de ces situations, qui certes posent problème et doivent être traitées, peuvent déjà l'être en recourant à la loi existante, en trois jours, via l'intervention des forces de l'ordre à la demande du préfet.

Mais voilà, le sujet a été surmédiatisé les mois qui ont précédé le vote de la loi et le texte a finalement largement dépassé le cadre initial du squat de domicile, en intégrant aussi les bureaux, les hangars, même vides, et en allant jusqu'à pénaliser davantage les personnes qui ont un logement mais rencontrent des difficultés pour payer leurs loyers…

Bref, c'est une bien triste histoire. J'ai d'ailleurs eu un échange à ce propos avec Aurore Bergé, alors porte-parole du groupe Renaissance à l'Assemblée nationale, lorsque nous l'avions invitée à la présentation du rapport de la Fondation le 1er février 2023. Lors de notre débat, cette dernière a témoigné de son incompréhension face aux critiques que je portais sur cette loi : « Est-ce que vous croyez que la réponse au mal-logement c'est le squat ? » Ce à quoi je lui ai répondu : « Non mais la prison non plus… »

Pour faire adopter ces mauvaises solutions, certains font par ailleurs un peu vite abstraction de leurs conséquences délétères pour les personnes concernées. Réduire la durée ou le montant des indemnités chômage, refuser l'ouverture du RSA aux jeunes, ou encore mettre des amendes ou des peines de prison à des personnes sans domicile touchent pourtant durement leur quotidien. Se priver de réguler les marchés des biens essentiels pour apporter une meilleure réponse au plus grand nombre conduit aussi à passer à côté de solutions dont nous aurions bien besoin. Mais les lectures idéologiques, globalisantes ou parcellaires visant les politiques publiques qui soutiennent les plus fragiles tiennent manifestement davantage la corde que les dégâts sociaux que provoquent leurs insuffisances ou leur cécité.

Sans compter que parfois les arguments avancés dans le débat public sont tellement réducteurs qu'ils finissent par sérieusement trahir la vérité. J'ai eu l'occasion de l'expérimenter à propos du budget de la nation dédié au logement pendant la campagne présidentielle de 2017 et les années qui ont suivi.

Dans certains milieux politiques ou de l'administration, l'idée suivante a régulièrement été avancée : « S'il y a 4 millions de mal-logés d'un côté et 40 milliards d'euros de budget de l'État dédié au logement de l'autre, c'est que cela ne marche pas. » Or il faut analyser plus précisément ces éléments de langage et notamment ce qui se cache derrière ce chiffre de 40 milliards d'euros.

En premier lieu, laisser entendre que ces 40 milliards renverraient aux seules dépenses de l'État est trompeur, dans la mesure où ce montant recouvre aussi les budgets des collectivités territoriales et ceux des employeurs via Action logement[1]. Mais là n'est pas le plus dérangeant.

Derrière ces 40 milliards, on retrouve les dépenses liées aux APL et les aides dédiées au logement social qui concernent les plus modestes, mais aussi le coût de la TVA à taux réduit pour les travaux réalisés chez les particuliers, les aides pour la rénovation des logements, les dispositifs de défiscalisation pour favoriser l'accession à la propriété ou l'achat de logements qui seront mis en location…, lesquels touchent plutôt les classes supérieures.

Pourtant, durant le premier quinquennat, le gouvernement a fait le choix de ponctionner des milliards d'euros sur les seules aides en faveur des personnes les plus modestes, pas sur le reste, et aussi de procéder à des coupes « aveugles » sans autre finalité que de faire baisser la dépense publique. Alors que nous aurions pu avoir un débat avec le gouvernement et les acteurs du logement sur la manière de mieux utiliser les ressources de l'État, de mieux répondre aux besoins de nos concitoyens et aux évolutions de la société dans le domaine de l'habitat. Enfin, si des baisses du budget étaient malgré tout considérées comme « inéluctables », il aurait été salutaire, a minima, d'épargner les plus fragiles…

---

1. Action logement (ex 1 % logement) est un organisme paritaire qui a pour vocation d'aider les salariés modestes à se loger. Son financement repose sur une cotisation des entreprises de plus de 10 salariés des secteurs privé et agricole.

Le soutien aux plus démunis, pas assez « disruptif » ?

Pourtant, lorsque surgissent des crises aiguës, certains ressorts pointés dans ce chapitre ou certaines mesures proposées dans ceux qui précèdent, sont largement vantés et utilisés.

Lors des crises économiques, revient en force l'idée de réguler davantage les marchés bancaires mais aussi immobiliers et même parfois de venir en aide aux banques qui menacent de s'effondrer, ce qui a été le cas après la crise de 2008 aux États-Unis et l'a encore été récemment après la chute du Crédit suisse au printemps 2023.

Lors de l'arrêt de l'activité économique liée à la crise du Covid, il a été de bon ton de recourir à différentes sortes d'aides ou de dispositifs pour pallier le risque de chômage ou de disparition d'entreprises.

Face à la crise de l'énergie en 2022-2023, des boucliers tarifaires ont rapidement été mis en place et ont représenté plusieurs dizaines de milliards d'euros de dépenses publiques pour amortir en partie la hausse des marchés…

Dans les moments difficiles, les mêmes responsables politiques qui fustigent le risque d'assistanat que représenteraient certains volets de notre protection sociale se félicitent de notre capacité de résistance liée… à notre protection sociale ! Les mêmes ou d'autres habituellement peu prompts à encadrer les marchés se félicitent que la France, du fait de ses précautions bancaires, n'ait pas subi les soubresauts qu'ont vécus, parce que moins regardants sur le sujet, les États-Unis ou l'Espagne pendant la crise des subprimes…

Ce que d'aucuns qualifient parfois de pratiques désuètes apparaît soudainement salutaire. De même l'Europe, souvent jugée à l'origine de bien des maux que subit notre pays, trouve davantage de salut aux yeux de certains. Par exemple lorsqu'elle est à la manœuvre pour réguler la protection de nos données personnelles sur le dos desquelles les géants du numérique font fortune, pour organiser la distribution de vaccins anti-Covid ou encore la relocalisation sur le continent de production de biens essentiels au développement de notre pays à l'heure de l'hyper-spécialisation et de l'exacerbation des concurrences.

Pourquoi attendre que les crises surgissent pour changer les priorités et modes de faire de l'action publique ? L'urgence dans laquelle vit une partie de la population, ici et maintenant, ne devrait-elle pas suffire à provoquer des politiques publiques ambitieuses pour les soutenir ? Le creusement des inégalités et les périls écologiques qui affectent plus durement les plus fragiles et menacent notre cohésion sociale ne devraient-ils pas entraîner un sursaut visant à rapidement inverser le cours des choses ? De mon point de vue la réponse est oui, mais force est de constater que tel n'est pas l'avis de tout le monde.

Nous l'avons déjà souligné, le soutien aux plus fragiles est parfois jugé pas assez « disruptif » et fait même parfois l'objet d'une sorte de « ringardisation ». Mais d'autres raisons revêtent un caractère manifestement plus idéologique. Par exemple, déroger au modèle que certains qualifieront de « libéral » semble acceptable par une partie des décideurs politiques, à condition que cela reste temporaire et ne conduise surtout pas à le remettre en cause durablement.

Quant aux freins à la régulation des marchés, on retombe la plupart du temps dans les débats stériles dont nous avons déjà parlé, lesquels font fi des améliorations auxquelles elle pourrait conduire et tentent de convaincre qui le veut bien que les marchés finiront par s'autoréguler… Tout cela étant au final très éloigné de ce que vivent les personnes et de leurs besoins immédiats.

Mais une autre raison me semble bien plus importante. Elle concerne le coût de ces actions et leur soutenabilité budgétaire. Si la régulation des marchés n'est pas coûteuse en soi, donner les moyens de vivre dignement aux personnes en situation de précarité, développer notre protection sociale sous toutes ses dimensions (santé, retraite, emploi, etc.), tout en accélérant la transition écologique, impliquent des dépenses très importantes.

À ce propos, si l'on revient sur la période récente, le « quoi qu'il en coûte » qui a permis de limiter les dégâts économiques et sociaux de la crise Covid (pour des dépenses de l'ordre de 200 milliards d'euros) ou le bouclier énergétique (plus de 50 milliards d'euros en deux ans) peuvent difficilement tenir dans la durée. Nécessaire pour permettre de passer des caps très difficiles, pour soutenir les ménages ou pour éviter la destruction massive d'emplois et les faillites d'entreprises, le maintien de tels niveaux de dépenses publiques risquerait de creuser démesurément la dette du pays, laquelle atteint 3 000 milliards d'euros en 2023.

C'est précisément pour cela que le ciblage est essentiel, pour parvenir à aider ceux qui en ont vraiment besoin, tout en maîtrisant les coûts. C'est aussi pourquoi il faut arrêter de baisser les impôts de ceux qui peuvent les payer et faire davantage participer, de façon progressive, ceux qui en ont les moyens de façon à se donner la capacité de financer les dispositifs sociaux et écologiques dont nous avons besoin, sans accroître la dette.

J'ai bien entendu la logique défendue par le gouvernement qui consiste à diminuer les impôts pour redonner du souffle à l'économie et ce faisant, augmenter les recettes de l'État (via la TVA, les impôts sur les sociétés, etc.), faire baisser certaines dépenses sociales et favoriser l'émancipation des personnes plutôt que leur attribuer des aides.

J'ai bien entendu également la logique consistant à considérer que c'est le développement économique du pays qui garantira notre capacité à financer notre modèle social dans la durée. Comme j'ai bien saisi enfin la logique qui sous-tend le principe du « ruissellement » censé profiter à terme à tout le monde…

Mais tout cela me paraît quelque peu théorique, parfois bien hypothétique et surtout très éloigné des difficultés que vit une part importante de la population ici et maintenant.

Baisser les impôts des plus riches, en supprimer d'autres que peut tout à fait payer une partie de la population, refuser d'augmenter la participation des plus aisés, tout en baissant simultanément le soutien aux demandeurs d'emploi, aux bénéficiaires des APL… sous prétexte que ce serait contre-productif, que ça coûterait trop cher, que certains en profiteraient… j'ai beau tourner les choses dans tous les sens, ça ne passe pas.

Plus qu'un ruissellement des riches vers le bas, tout ceci ressemble drôlement à une douche froide pour les plus pauvres.

Gare au syndrome de l'autruche

Enfin, pour conclure ce chapitre, je souhaite évoquer une réalité que je trouve choquante et que l'on pourrait qualifier de « syndrome de l'autruche ». On peut penser que le manque d'attention portée par la puissance publique aux personnes défavorisées tient en partie à la méconnaissance de ces réalités. Mais bien souvent c'est le refus de voir et d'écouter qui domine, au point parfois de flirter avec le déni.

Nous avons effleuré le sujet à propos des multiples difficultés vécues par les habitants des quartiers populaires que certains ne veulent pas regarder en face. Mais il en va de même de bien d'autres sujets qui concernent des situations plus ou moins visibles dans l'espace public : les hébergés chez les tiers faute de solutions de logement, les travailleurs de l'économie souterraine, les personnes « sans » (sans abri, sans domicile, sans papiers, sans couverture maladie, etc.), lesquels sont souvent mal appréhendés par la statistique publique.

Voir ces situations serait reconnaître leur existence et la nécessité d'agir pour leur apporter des solutions ; ce qui est bien moins confortable que de les laisser dans l'oubli mais ô combien moins cynique et destructeur. D'où l'impérieuse nécessité de les rendre visibles via des rapports, des analyses, via le combat des personnes concernées, des syndicats, des associations, des collectifs, de la justice… Même si en matière de lutte contre les exclusions et les inégalités, le rapport de force entre les défenseurs des laissés-pour-compte et les lobbies divers et variés qui défendent leurs intérêts économiques, c'est plutôt le scénario du pot de terre contre le pot de fer. Mais c'est ainsi et c'est ce qui rend d'autant plus importante cette nécessité de ne pas abandonner le combat.

La mise en visibilité des problèmes sociaux suscite d'ailleurs parfois l'agacement de mes interlocuteurs en responsabilité politique. Ce qui m'a valu des « Mais vous n'allez tout de même pas revenir encore sur le sujet », « Oui, oui j'ai bien compris le problème la dernière fois que nous l'avions évoqué »… Sauf que le problème reste entier, tout comme les souffrances qui vont avec… Sauf que l'objet de ces échanges n'est pas de faire preuve d'originalité, mais bien de répondre aux problèmes rencontrés par ceux qui les subissent, le plus souvent en silence et dans l'invisibilité.

Et quand la colère monte face au refus de prendre en compte ces réalités, il m'est arrivé de rappeler à mes interlocuteurs que l'insistance dont les acteurs sociaux font preuve, malgré les multiples (plus ou moins bonnes) raisons de ne pas agir qui leur sont avancées, tient à l'inquiétude de savoir que les pauvres et les mal-logés risquent fort de l'être encore lorsqu'ils auront terminé leur mission ou leur mandat.

Et dès lors qu'il nous faudra encore et encore revenir à la charge…

11

Des freins à desserrer rapidement

Si les arguments avancés par de nombreux responsables politiques pour ralentir ou refuser la réponse aux besoins des plus fragiles sont loin d'être toujours convaincants, d'autres freins méritent notre attention et devraient être rapidement levés.

Je pense notamment à des politiques publiques dont les fondements reposent sur la solidarité mais qui souffrent, parfois depuis des décennies, d'une montée en puissance insuffisante ou d'une application trop partielle. Je prendrai dans un premier temps deux exemples qui touchent au logement et s'adressent l'un aux ménages modestes et pauvres et l'autre aux personnes sans domicile.

Parlons d'abord de la loi Solidarité et renouvellement urbain (SRU) adoptée en 2000 et en particulier de son article 55. Cette loi constitue de mon point de vue l'archétype de ce que la puissance publique et le législateur sont en mesure de mettre en œuvre pour faire grandir la cohésion sociale dans notre pays.

Son principe est simple : constatant que certaines villes disposaient de nombreux logements sociaux tandis que d'autres en étaient peu pourvues, voire pas du tout, le choix a été fait d'imposer un niveau minimal de construction de 20 % de logements sociaux (passé ensuite à 25 %) à un certain nombre de communes au regard de leur taille et de celle de leur agglomération (1 105 communes étaient ainsi concernées en 2021[1]).

Imposer… Oui imposer, avec l'idée que la responsabilité sociale ne va pas toujours de soi ; et qu'il n'y a pas de raisons suffisamment valables pour justifier que certains contribuent à proposer des solutions de logements en dessous du marché aux ménages pauvres, modestes ou appartenant aux classes moyennes[2], et d'autres non. Ce qui justifie d'en passer par l'obligation et la loi.

Depuis l'adoption de la loi, de trop nombreuses communes rechignent à l'appliquer. Certaines temporisent au maximum ; d'autres préfèrent payer les pénalités financières prévues en cas de non atteinte des objectifs, voire même font de ce refus un étendard politique. D'où l'immense responsabilité de l'État qui se doit de garantir la pleine application de la loi, via notamment l'action des préfets, qui ont à leur disposition différents leviers contraignants qui gagneraient, de mon point de vue, à

1. Communes de 3 500 habitants (1 500 en Île-de-France) appartenant à des agglomérations ou intercommunalités de plus de 50 000 habitants (sauf pour les territoires ne justifiant pas d'un effort supplémentaire), ainsi que les communes dites « isolées » de plus de 15 000 habitants en croissance démographique hors agglomération ou intercommunalité.

2. Environ les deux tiers des ménages en France sont éligibles au logement social, au regard de leurs ressources. Mais tous ne déposent évidemment pas une demande, parce qu'ils ne le souhaitent pas ou parce qu'ils sont propriétaires.

être utilisés avec davantage de fermeté : majoration des pénalités financières, possibilité d'imposer la construction de logements sociaux à la place du maire, etc.

De fait, la loi SRU a longtemps été décriée. Elle a d'ailleurs constitué le dernier combat public de l'abbé Pierre, lorsqu'en 2006, à 93 ans, il s'était rendu à l'Assemblée nationale pour dénoncer ceux qui étaient en train d'affaiblir la portée de la loi, avant que ces derniers ne reculent sous la pression. « Si je suis venu c'est que se trouve mis en question l'honneur de la France », avait-il alors déclaré. L'honneur, « dans la définition que tout le monde comprend, c'est quand le fort s'applique à aider le moins fort, à aider le faible ».

Il n'en reste pas moins que malgré ces vives oppositions, la loi est peu à peu entrée dans les mœurs ; et depuis plus de vingt ans elle résiste aux alternances politiques. Et si elle continue de susciter la contestation de certains, les logements sortent peu à peu de terre... Au point que la moitié de la production de logements sociaux réalisée ces dernières années dans le pays l'a été dans les communes soumises à cette loi. Et qu'au-delà, elle a aussi permis de rééquilibrer la répartition des logements sociaux sur le territoire, contribuant à la cohésion sociale et au partage de l'accueil des plus fragiles.

Bref, une belle loi de la République, qui certes gagnerait à être mieux appliquée encore, mais une loi comme on aimerait en voir plus souvent dans de nombreux domaines qui touchent aux questions sociales.

L'indispensable chantier du « Logement d'abord »

Le second exemple renvoie quant à lui à une politique publique plus globale visant à répondre aux difficultés des personnes sans domicile : la politique dite du « Logement d'abord ». Comme nous l'avons vu dans le chapitre 3, la réponse aux personnes sans abri et sans domicile a beaucoup reposé ces dernières années sur le développement de l'hébergement d'urgence, en particulier via le recours à des hôtels sociaux.

Or le constat est largement partagé qu'aussi nécessaire soit ce type d'hébergement pour répondre aux besoins des personnes en urgence absolue (personnes sans abri, femmes victimes de violences conjugales devant quitter le domicile familial, personnes expulsées de leur logement par les forces de l'ordre, etc.), cela ne peut être la solution dans la durée.

Insatisfaisante pour les personnes lorsque la situation perdure, cette réponse l'est tout autant du point de vue des finances publiques vu le coût élevé que représente chaque soir le recours aux hôtels sociaux.

Le Logement d'abord est l'héritage de nombreuses actions menées depuis des décennies pour favoriser l'accès direct et pérenne au logement des personnes sans domicile, en lieu et place d'un hébergement de court terme. Un accès direct au logement qui, selon les besoins, peut être couplé à un accompagnement adapté, modulable et pluridisciplinaire sur le plan social, de la santé, de l'accès à l'emploi, etc. Les expérimentations menées outre-Atlantique et en Europe ont ainsi fait la démonstration que cette approche permet une prise en charge plus digne, plus efficace et globalement moins coûteuse du sans-abrisme, y compris pour des personnes souffrant de troubles psychiques graves et/ou d'addictions.

Durant la campagne présidentielle de 2017, nous avions proposé aux candidates et candidats venus échanger avec nous lors de la présentation du rapport annuel de la Fondation Abbé Pierre de déployer, s'ils étaient élus, une ambitieuse politique du Logement d'abord. Plusieurs candidats s'y étaient engagés devant de nombreux participants et journalistes, dont Emmanuel Macron.

Une fois élu, Emmanuel Macron a lancé, le 11 septembre 2017 à la mairie de Toulouse, le « plan quinquennal pour le Logement d'abord et la lutte contre le sans-abrisme », lancement auquel j'ai été invité, pour dialoguer avec le président de la République sur la manière de sortir par le haut de la saturation du dispositif d'hébergement d'urgence et sur les moyens à mettre en œuvre pour orienter les personnes sans abri ou en hébergement vers un logement durable. L'idée étant de faire du logement le premier levier de l'insertion, ce qui marque un changement fondamental, en rupture avec la logique dite « en escalier » où les personnes sans domicile sont censées passer de la rue à quelques nuitées d'hôtel social, puis à un hébergement d'insertion, puis au logement temporaire ou d'autres formules intermédiaires avant d'espérer, après un long parcours du combattant, pouvoir enfin disposer d'un vrai chez-soi, d'un logement de droit commun…

Dans la foulée de ce lancement du plan quinquennal par l'État, les collectivités ont été invitées à s'engager dans cette politique via deux « appels à manifestation d'intérêt » auxquels ont fini par s'associer 45 communes, métropoles ou départements. L'idée, que nous avons d'ailleurs fortement soutenue à ce moment, étant qu'une politique nationale n'a de sens que si elle s'articule concrètement avec les territoires.

Cinq ans plus tard, en juin 2023, après la réélection d'Emmanuel Macron, un second plan quinquennal est lancé, ancrant un peu plus le Logement d'abord dans le paysage de la lutte contre le mal-logement.

Quels enseignements tirer de la mise en œuvre de cette politique ? En premier lieu, une attention renouvelée aux personnes sans domicile et un début de changement de culture pour les acteurs impliqués dans ce champ d'intervention, de l'État aux collectivités territoriales, en passant par les bailleurs sociaux et les associations…

Et puis, des réponses concrètes aux personnes qui ont pu bénéficier directement de cette politique ; je pense notamment au fait qu'il y ait eu davantage d'attributions de logements sociaux aux personnes sans domicile, une augmentation du nombre de logements adaptés (pensions de famille, résidences sociales, etc.), une plus grande mobilisation de logements privés à des fins sociales, une meilleure prise en compte de l'accompagnement social… Des dynamiques avant tout positives, plutôt saluées par les acteurs mobilisés sur ce chantier.

Pour autant, plusieurs obstacles de taille subsistent et doivent rapidement être levés si l'ambition est bien de résoudre le problème et pas simplement de se contenter de le « gérer ».

En premier lieu, les objectifs fixés dans le Plan quinquennal n'ont pas tous été atteints (et parfois en sont loin comme la production de logements très sociaux, les seuls adaptés du fait des bas niveaux de loyers pratiqués à un public disposant de très faibles ressources), malgré une ambition initiale qui restait somme toute limitée. Une réalité qui tient beaucoup au fait que les moyens dédiés à cette politique demeurent globalement trop faibles pour lui permettre de monter en puissance et d'enclencher un réel changement d'échelle.

Mais aussi parce que nous avons assisté simultanément à une fragilisation d'autres leviers de protection essentiels. Ce que je veux dire ici c'est que si d'un côté une politique va dans le bon sens et permet à des milliers de personnes qui en bénéficient de sortir de leur condition de mal-logement, mais que de l'autre on assiste à une fragilisation de la protection sociale dans ce même domaine du logement (baisse des APL ou baisse de la construction de logements sociaux…) qui en fragilise d'autres, l'équation est loin d'être résolue.

Une politique à destination des plus pauvres ne peut donner des résultats satisfaisants au milieu d'un océan de politiques insuffisamment sociales ou trop inégalitaires. C'est d'ailleurs l'une des raisons qui a pu créer des tensions entre la Fondation Abbé Pierre et le gouvernement et même avec le président de la République.

À l'occasion de la publication de notre rapport annuel sur le mal-logement en janvier 2022, l'hebdomadaire *Le Canard enchaîné* a rapporté que le président de la République aurait réagi assez fortement à nos analyses de la politique gouvernementale : « C'est une communication à charge et inadmissible, alors qu'on a travaillé avec eux pour faire le plan Logement d'abord, qui est un succès, aurait tonné Emmanuel Macron. On n'a jamais autant ouvert de logements d'urgence, jamais autant structuré le financement du logement… »

Il est difficile d'apprécier l'authenticité de propos ainsi rapportés et donc pour moi de les commenter. Mais une chose est certaine : dans le rapport que nous venions de publier, comme dans les communications qui l'accompagnaient, nous avions souligné le bien-fondé de la politique du Logement d'abord et l'importance de continuer à la développer, comme nous avions pointé l'effort réalisé pour créer 40 000 places d'hébergements d'urgence pendant la période Covid…

Mais effectivement, nous relevions aussi que ces cinq dernières années avaient donné lieu à des coupes budgétaires considérables dans le logement social et les APL, au point que l'investissement de l'État dans la politique du logement n'avait jamais été aussi faible depuis des décennies. Nous pointions aussi que la production de logements sociaux neufs avait sérieusement chuté, freinant fortement la mise en œuvre de la politique du Logement d'abord.

Deux réalités qui coexistent bel et bien, et qui posent un problème majeur. Car on ne peut lutter efficacement et durablement contre la pauvreté ou le mal-logement en se limitant à une politique ciblant les plus pauvres, sans se préoccuper des impacts sociaux des autres politiques et choix économiques du pays.

Personne n'est « inemployable »

Dans le même esprit que le Logement d'abord, à savoir une démarche qui vise à changer le paradigme de l'action publique en partant des besoins des personnes en difficulté, je voudrais faire référence à une démarche particulièrement intéressante dans le domaine de la lutte contre le chômage : les Territoires zéro chômeur de longue durée.

Imaginée par l'association ATD Quart Monde[1] au milieu des années 1990, l'initiative démarre officiellement en 2016 avec le lancement de 10 territoires d'expérimentation dans des communes de moins de 10 000 habitants. Elle est ensuite montée progressivement en puissance et vise un objectif de 60 territoires expérimentaux en 2026.

Le principe est le suivant : faire la démonstration que personne n'est inemployable et « qu'il est possible à l'échelle d'un territoire, sans surcoût significatif pour la collectivité, de proposer à toute personne privée durablement d'emploi qui le souhaite un emploi à durée indéterminée et à temps choisi, en développant et finançant des activités utiles et non concurrentes des emplois existants[2] ». L'idée consiste à identifier, puis accompagner des personnes éloignées du marché du travail depuis plus d'un an, en définissant avec elles, sur la base du volontariat, leurs attentes, envies, savoir-faire et

1. Fondé en 1957 par le prêtre catholique Joseph Wresinski, ATD Quart Monde est un mouvement qui lutte aujourd'hui contre la misère dans plus de trente pays. En 2009, l'acronyme ATD (Aide à toute détresse) est devenu Agir tous pour la dignité.

2. www.tzcld.fr/decouvrir-le-projet/la-demarche-experimentale/

compétences. Puis à faire se rencontrer ces personnes et les besoins locaux d'habitants, d'entreprises et d'institutions via des activités non concurrentielles (livraison à vélo, mobilité solidaire, recyclerie, garage solidaire, entretien d'espaces verts, petites prestations pour les particuliers, épicerie solidaire, etc.).

Le dispositif repose sur la création d'une entreprise qui s'inscrit dans le champ de l'économie sociale et solidaire (appelée « entreprise à but d'emploi ») et d'un comité local de l'emploi réunissant les représentants de l'État, du département, de la mairie, de Pôle emploi, des acteurs économiques et de l'insertion… invités à travailler ensemble pour trouver des solutions aux personnes éloignées de l'emploi sur leur territoire.

Sur le plan financier, le principe consiste à rediriger des aides publiques qui ont vocation à lutter contre le chômage et l'exclusion (le RSA, la compensation de l'État dédiée au chômage de longue durée, etc.) pour les consacrer aux financements d'emplois en CDI dans le secteur de l'économie sociale et solidaire. Il s'agit donc en quelque sorte de convertir des aides en emplois et donc en salaires.

Il est encore un peu tôt pour tirer tous les enseignements de ces expérimentations. Mais la démarche est prometteuse. À ce jour, 58 territoires sont investis dans l'expérimentation, laquelle concerne une soixantaine d'entreprises qui ont employé plus de 2 000 personnes, sachant que 800 autres ont trouvé un emploi grâce aux dynamiques locales générées. Si, dans certains territoires expérimentaux, il reste à stabiliser le modèle économique, à faire évoluer le pilotage du dispositif ou le ciblage des personnes accompagnées vers l'emploi, les premiers éléments de bilan montrent qu'une partie importante des personnes engagées dans la démarche n'auraient pas trouvé de travail sans le dispositif. Mais aussi que leurs conditions de vie se sont nettement améliorées sur le plan du logement, de la santé, de la confiance en soi ou de la possibilité de se projeter vers l'avenir.

Voici donc trois exemples de politiques publiques qui ont le grand mérite de conjuguer une réelle attention aux plus fragiles et le développement de réponses dignes et durables tout en recoupant l'enjeu de cohésion sociale et territoriale. Si elles ne sont pas nécessairement plus coûteuses à mettre en œuvre que celles qui sont initiées dans l'urgence, elles sont toutefois plus difficiles à déployer dans la mesure où elles imposent de changer de pratiques et parfois même de culture.

Mais si l'on veut améliorer sensiblement les conditions de vie de personnes en difficulté, tout en contribuant à leur émancipation, il est parfois indispensable d'en passer par de nouvelles approches qui permettent de sortir des résistances, des habitudes ou des ornières dans lesquelles nos politiques publiques sont parfois enlisées… Quoi qu'il en soit, ces exemples de politiques publiques vertueuses, comme bien d'autres encore, gagneraient à être davantage soutenus.

Une action publique diluée mais des atouts bien réels

Sur un tout autre registre, mais qui pèse fortement sur la mise en œuvre de politiques publiques socialement efficaces, se pose la question de la dilution des responsabilités. Un sujet bien connu et documenté qui traverse de nombreux domaines d'intervention.

De quoi parlons-nous au regard des sujets qui nous occupent ici ? D'un millefeuille d'intervenants impliqués à différentes échelles qu'il est nécessaire de mettre en musique pour mener concrètement à bien des chantiers aussi essentiels que l'habitat, la protection des plus fragiles ou la transition écologique. Des maires, qui maîtrisent le foncier sur leurs territoires et vont donc décider si l'on construit ou pas et ce que l'on construit ou pas (des logements sociaux, des hébergements, des pensions de famille, etc.). Des intercommunalités (métropoles, communautés de communes…), qui ont de plus en plus de compétences en matière d'habitat, ce qui renvoie d'ailleurs à une évolution plutôt positive puisqu'elles interviennent à la bonne échelle territoriale pour traiter de sujets qui sont interdépendants (le bassin d'habitat, d'emploi ou de transport), même si toutes ne maîtrisent pas encore le foncier[1]. Des départements qui ont la charge de nombreuses politiques sociales (RSA, Fonds de solidarité logement, petite enfance, aide aux personnes âgées, etc.). Des régions qui ont la compétence de l'aménagement du territoire, des transports ou de l'environnement. Et bien sûr, tout en haut de cette

1. Cette montée en puissance évolue toutefois de manière inégale : si de nombreuses intercommunalités se dotent progressivement de nouvelles compétences pour agir, le cas de l'Île-de-France reste un sujet d'inquiétude majeur dans la mesure où les tensions politiques freinent l'émergence d'une gouvernance à une échelle territoriale en mesure de combiner les enjeux d'habitat, de transports, d'emploi… comme cela est le cas dans d'autres capitales européennes.

pyramide, l'État qui est chargé de la solidarité, de l'insertion, de l'écologie, des mobilités durables, de la cohésion territoriale, de la santé, de l'aide à l'accès au logement, des politiques migratoires… et se doit de donner l'impulsion pour mener telle ou telle politique, plus ou moins ambitieuse, plus ou moins sociale…

La situation n'est pas figée et nous avons vécu différentes phases de décentralisation qui ont fait évoluer la répartition de ces compétences depuis les lois Deferre de 1982. Mais il faut bien reconnaître que nous ne sommes pas encore parvenus à enrayer pleinement la dilution des responsabilités. Une réalité qui complexifie les processus de décisions et rend difficile l'identification de qui est responsable de quoi. Ce qui laisse la porte ouverte aux pratiques de défausses ou de renvois de la « patate chaude » à l'un ou à l'autre, en particulier lorsqu'il s'agit de sujets peu populaires ou difficiles à traiter.

Il faut dire que notre héritage en matière d'organisation territoriale est bien singulier : la France compte 35 000 communes, ce qui représente un peu plus de 40 % de l'ensemble des communes de l'Union européenne !

Et si l'attachement à la commune comme au maire, qui reste très marqué dans notre pays, est positif à bien des égards, force est de constater qu'en termes d'efficacité, les choses sont plus compliquées. Ce sont autant de lieux de décisions, dont certains ne sont pas toujours favorables à l'exercice de la solidarité, y compris lorsque la loi fixe un cadre, comme nous l'avons vu à propos de la loi SRU.

Ce sont 35 000 communes qui ne sont pas nécessairement connectées avec les enjeux du territoire dans lequel elles s'inscrivent. Elles ne sont pas toujours dotées de suffisamment de compétences ou de ressources pour agir dans un monde de plus en plus complexe et contraint (nécessité de stopper l'artificialisation des sols, de densifier les espaces urbains, d'enrayer l'effondrement de la biodiversité, etc.) et où les enjeux écologiques, d'habitat, de transport, d'emploi sont fortement imbriqués.

La « parenthèse heureuse » durant la crise sanitaire

Au-delà de ces constats, je souhaiterais revenir sur la crise sanitaire que nous avons traversée, et en particulier sur l'action publique déployée à cette occasion. Cette séquence est en effet particulièrement éclairante, et à certains égards, encourageante quant aux capacités dont dispose notre pays pour déployer des politiques publiques plus vertueuses. En dépit des immenses souffrances de la période, j'avais d'ailleurs parlé à l'époque de « parenthèse heureuse » tant les manières d'agir avaient soudainement évolué.

Nous sommes nombreux à avoir constaté, au plus fort de cette crise, une plus grande efficacité de l'action publique avec des processus de décisions plus agiles ; des acteurs impliqués travaillant davantage dans le même sens pour répondre au plus vite aux urgences ; des décisions ministérielles accélérées, réduisant le poids des réflexes « bureaucratiques » ou exclusivement « gestionnaires ». Des ministres ont aussi eu davantage les mains libres, sans être contraints par des processus de décisions complexes et centralisés. Les articulations État/collectivités locales/associations ont été plus fluides. Des observatoires ont été créés pour l'occasion, des réunions ont été organisées toutes les semaines pour faire le point sur la situation et si besoin corriger le tir…

À l'évidence, les corps intermédiaires ont également été plus écoutés qu'à l'accoutumée. Il faut dire qu'il était impératif de comprendre au plus vite ce qui était en train de se passer et de s'appuyer sur la société civile dont les implantations, les réseaux et les capacités d'agir sont étendus.

Du côté des associations de lutte contre l'exclusion, il s'est par exemple agi d'identifier au plus vite qui risquait de souffrir de la faim, du fait de la fermeture ou de la réduction de voilure des épiceries sociales, des maraudes et des distributions alimentaires, etc. ; de repérer qui risquait de souffrir d'un manque d'eau[1], d'une surexposition au virus du fait du surpeuplement dans des foyers collectifs ou dans les quartiers populaires.

C'est dans cet esprit que de nombreuses associations se sont mobilisées pour faire remonter les besoins, puis organiser les réponses d'urgence sur le terrain avec l'État et les collectivités locales. C'est aussi dans cet esprit que du côté de la Fondation Abbé Pierre, au plus fort de la crise lors du premier confinement du printemps 2020, nous avons rapidement déployé, grâce à

1. À Marseille par exemple, nous militions depuis plusieurs années sans succès pour garantir un accès à l'eau dans l'ensemble des bidonvilles ; et c'est finalement cette situation sanitaire et ce changement de priorité qui ont permis d'obtenir l'installation de nouveaux points d'eau.

un fort soutien de nos donateurs, différentes mesures d'urgence dont la distribution de chèques-service. Dans la foulée, l'État, avec qui nous avons alors partagé l'expérience, s'est engagé à son tour à organiser de pareilles distributions.

Pour ma part, je n'avais jamais connu une telle agilité dans les processus de décisions ni vu une telle attention portée aux plus fragiles au cours de ces seize ans passés à la Fondation. De fait, la question sociale avait enfin occupé la place qui devrait être la sienne au quotidien... Sachant que la nouveauté ne résidait pas tant dans les actions menées en tant que telles, que dans la volonté de répondre à des besoins non couverts et de trouver collectivement des solutions en faisant preuve de davantage de réactivité, de complémentarité et de confiance tout en laissant davantage d'autonomie aux acteurs, favorisant ainsi leur investissement[1].

Hélas, cette « parenthèse » n'a pas entraîné de changements profonds et durables sur les sujets qui nous occupent ici. Comme nous l'avons observé au fil des chapitres, le « naturel » ou les « bonnes vieilles habitudes » sont revenus au galop, notamment parce que les structures de l'intervention publique et les schémas de pensée demeurent bien ancrés. Une fois de plus, cet

---

1. Des constats qui recoupent en grande partie ce que les acteurs de l'hôpital disent avoir vécu pendant cette crise où ils se sont trouvés en première ligne et manifestement pour des raisons assez proches : sortie de la logique du tout gestionnaire, plus grande écoute de l'institution et des décideurs politiques, plus grande latitude des acteurs pour s'adapter à la diversité des réalités rencontrées sur le terrain, etc.

épisode semble avoir pu exister parce qu'il s'est agi de répondre temporairement à de grandes urgences, sans que cela implique durablement une remise en cause des manières de faire, des dogmes ou des idéologies.

D'où la nécessité d'accorder une attention toute particulière aux fondamentaux qui doivent guider l'action publique dans notre pays en matière de solidarités et de s'accorder sur les ambitions et les objectifs que nous nous donnons collectivement pour développer les réponses aux besoins sociaux dans un esprit de plus grande justice sociale. Car c'est en partant de ces desseins et de ces nécessités que l'on pourra ensuite activer et cultiver les importantes capacités dont dispose notre pays, tant du côté des politiques publiques, des associations et des acteurs économiques que des citoyens qui, eux aussi, se sont fortement mobilisés pendant cette crise majeure et inédite.

La dématérialisation, accélérateur de détresse

Pour clore ce chapitre, je voudrais pointer une difficulté qui pèse fortement sur l'accès aux services publics, notamment des personnes en difficulté : la dématérialisation des démarches administratives.

Utile pour beaucoup de citoyens qui peuvent remplir leurs formulaires ou formaliser des demandes quand et d'où ils le veulent, la dématérialisation est bien plus pénalisante pour certains. Je pense à toutes les personnes qui ne sont pas équipées de matériel ou de connexions adaptés. Je pense évidemment à toutes celles qui rencontrent des difficultés pour se servir des outils numériques ou qui ne maîtrisent pas, ou peu, la langue française.

Pour qualifier ces difficultés, on parle d'illectronisme, une réalité qui concerne selon l'Insee 15,4 % des personnes de 15 ans ou plus résidant en France[1]. Sachant que l'Institut précise que le phénomène s'accroît nettement avec l'âge (un tiers des 60 ans et plus sont concernés) et est plus répandu parmi les personnes modestes : 9 % des ouvriers contre 2 % des cadres sachant par ailleurs que les personnes sans diplôme ont un risque sept fois plus important d'y être confrontées que celles ayant au moins un bac + 3.

Mais le risque de décrochage est plus étendu car au-delà de l'illectronisme en tant que tel, l'Insee précise que « 28 % des usagers d'Internet ont des capacités numériques faibles, c'est-à-dire qu'ils manquent de compétences dans un, deux ou trois domaines parmi les cinq que sont la recherche d'information, la communication en ligne, l'utilisation de logiciels, la protection de la vie privée et la résolution de problèmes en ligne ». De son côté, la défenseure des droits, Claire Hédon, indique que près de 13 millions de personnes déclarent rencontrer des difficultés pour utiliser les outils numériques.

Ces difficultés ont été particulièrement visibles et douloureuses pendant les confinements en raison de la fermeture de nombreux guichets de services publics. Mais le problème est plus profond. Des études récentes montrent une accélération de cette numérisation depuis la crise sanitaire et une intensification des injonctions à

1. *Insee Première*, n° 1253, 22 juin 2023.

réaliser les démarches en ligne. Je pense notamment aux productions de la défenseure des droits et du Conseil national des politiques de lutte contre la pauvreté et l'exclusion.

Le développement de la dématérialisation contribue dès lors pour beaucoup à freiner ou empêcher l'ouverture de droits sociaux, le renouvellement de prestations ou la possibilité de faire des recours lorsqu'un refus a été signifié. Il provoque de sérieux dégâts lorsqu'il conduit à différer ou suspendre le versement de prestations. Il provoque parfois l'abandon des démarches et au final le non-recours qui peut avoir des répercussions importantes lorsqu'il s'agit de prestations essentielles pour vivre (les minima sociaux, les APL, etc.) ou de papiers administratifs indispensables (un titre de séjour pour une personne en demande d'asile par exemple).

Nombreux sont les témoignages de travailleurs sociaux, de salariés ou de bénévoles qui accompagnent des personnes en difficulté et rendent compte de formulaires très difficiles à remplir (parfois même pour des personnes plutôt agiles avec le numérique) ou du fait que la « bonne case » manque pour décrire la situation de telle ou telle personne ; qui dénoncent l'effet de la standardisation de formulaires alors que les parcours de vie sont de plus en plus chaotiques ou la difficulté, voire l'impossibilité de contacter des agents des services publics concernés pour faire avancer le dossier ou le débloquer…

Je citerai l'exemple d'une bénévole rencontrée à Orléans qui accompagne des demandeurs d'asile depuis une quinzaine d'années et m'a indiqué être très inquiète, pointant les dégâts que cela provoque sur des personnes et des familles confrontées à l'impossibilité de faire avancer leurs dossiers en ligne ou de contacter des personnes de la préfecture du fait de la saturation des services. Des personnes victimes d'une forme de « déshumanisation » des procédures qui se retrouvent alors sans titre de séjour et donc sans ouverture de droits, par exemple à l'allocation pour demandeur d'asile.

Dans un monde de plus en plus incertain et complexe, la dématérialisation vient aggraver la situation des plus démunis. Elle accroît la mise à distance de personnes qui ont souvent déjà bien du mal à faire valoir leurs droits. Elle crée aussi du malaise et de la perte de sens du côté des équipes associatives qui les accompagnent pour réaliser leurs démarches, comme de celui des agents des services publics qui se retrouvent souvent seuls à gérer des inquiétudes, des colères et parfois des violences face à des personnes désespérées.

En finir avec le « deux poids deux mesures »

Dès lors, plusieurs évolutions rapides sont nécessaires. Je pense notamment à la simplification des procédures. Mais aussi au fait de renforcer les services publics, afin de disposer d'un personnel suffisant pour assurer des accueils de qualité aux guichets et pour permettre l'accès de chaque usager à une personne physique s'il le souhaite ou en a besoin. L'idée est de garantir qu'aucune démarche administrative ne soit accessible par la seule voie numérique, tout particulièrement lorsqu'il s'agit de droits sociaux. Il me semble également nécessaire de prévoir l'accès à un « référent unique » chargé de procéder à l'ouverture des droits et au suivi des différentes démarches.

Au-delà, ce sujet de la dématérialisation soulève des questions plus larges. Certains y voient par exemple la solution « technique » à la dégradation des services publics. Il y a toujours des personnes qui pensent que les conséquences négatives de nos choix politiques, sociaux et économiques trouveront une issue via la technique. C'est le cas par exemple de ceux qui considèrent que la réponse à la décarbonation passera avant tout par le captage du carbone. Aussi utiles puissent être certaines solutions techniques, il n'en reste pas moins que l'on est souvent rattrapé par la réalité. Et en l'occurrence il est manifeste que la dématérialisation, malgré des atouts certains pour une partie des usagers ou pour l'administration, accroît l'exclusion de tout un pan de la population.

Une autre logique pourrait dès lors être défendue : considérer que le renforcement des services publics constitue une réelle opportunité pour tendre la main aux ménages les plus fragiles et les soutenir, pour renforcer le lien social dans l'ensemble de nos territoires et pour réhumaniser et pacifier la relation avec les institutions, à l'heure où les tensions en la matière sont grandes.

Considérer aussi que ce serait une formidable occasion de lutter contre le non-recours aux prestations sociales et notoirement aux droits sociaux. Nous avons déjà eu l'occasion d'évoquer le fait que le non-recours au RSA atteint environ 30 %, mais cette réalité touche d'autres prestations. Pour ne prendre que quelques exemples, on sait qu'environ un tiers des demandeurs d'emploi ne recourent pas à l'indemnisation chômage à laquelle ils ont droit[1]. Un taux assez proche de celui du non-recours aux retraites mais moins élevé que celui que l'on peut observer pour le minimum vieillesse des personnes seules, qui atteint 52 % chez les femmes et 44 % chez les hommes[2]. Bref des niveaux bien trop élevés qui tiennent à de nombreux facteurs : méconnaissance des droits, manque d'information, crainte d'être stigmatisé, refus de dépendre de l'aide publique, peur du contrôle et, nous venons de le voir, complexité, dématérialisation ou lenteur des démarches administratives.

Il est difficile d'évaluer le montant total du non-recours et donc du manque à gagner pour les ménages qui y ont droit. Mais pour ne s'en tenir qu'aux minima sociaux pour lesquels des données officielles sont disponibles, il apparaît que le non-recours au RSA atteint environ 3 milliards d'euros par an, tandis que celui lié au minimum vieillesse tourne autour de 1 milliard. Il n'existe pas non plus de données consolidées pour mesurer plus globalement le phénomène, mais des estimations donnent à voir que le non-recours aux aides sociales distribuées par les seules caisses d'allocations familiales (minima sociaux, allocations logement, prime d'activité…) atteindrait environ 10 milliards d'euros par an.

Et si comparaison n'est pas raison, notons, puisque cela fait partie des éléments du débat porté par une partie de la classe politique ou de l'opinion, toujours prompte

1. https://dares.travail-emploi.gouv.fr/sites/default/files/e76c85540cc6f2a0108f4a619f17c7ce/Document-detudes_Nonrecours-a-lassurance-chomage_.pdf

2. Drees, « Le non-recours au minimum vieillesse des personnes seules », *Les Dossiers de la Drees*, n° 97, mai 2022.

à stigmatiser les personnes en situation d'exclusion, que la fraude aux aides sociales est quant à elle estimée à 2,8 milliards d'euros. Trop bien sûr, mais bien loin des 8 milliards au titre du non-versement des prélèvements obligatoires de la part des employeurs et plus largement des 15 milliards de fraude sociale estimé par la Cour des comptes sur la fraude et les irrégularités à la TVA [1] (non-reversement au Trésor public de la TVA encaissée auprès de clients, dissimulation volontaire d'une partie des sommes imposables, etc.). Et surtout très loin de l'évasion fiscale en France estimée entre 80 milliards et 100 milliards par an. Or ici comme dans bien d'autres sujets relevés au fil de ce livre, on ne peut que déplorer qu'il y ait deux poids deux mesures quant au traitement qui est fait de ces questions dans le débat public : d'un côté en ce qui concerne le non-recours aux aides sociales dont il est fait peu de cas, et la fraude sociale bien moins répandue mais régulièrement agitée pour ajouter une couche de stigmatisation envers les plus fragiles ; et de l'autre en ce qui concerne la fraude sociale dont les montants sont sans commune mesure avec la fraude fiscale.

Mais revenons à ces enjeux d'accès aux droits. Au-delà des pistes évoquées pour réduire les effets de la dématérialisation, un chantier essentiel, rendu possible par des évolutions numériques, gagnerait à être rapidement mené à bien : le versement à la source. L'idée, calquée sur le prélèvement des impôts à la source, consiste à systématiser le versement de prestations sociales sans

1. La fraude aux prélèvements obligatoires, rapport de la Cour des comptes, 2 décembre 2019.

que les allocataires potentiels aient à en faire la demande et ainsi, à limiter le non-recours de même qu'un certain nombre d'erreurs et d'indus.

Emmanuel Macron, durant sa seconde campagne présidentielle, a proposé de généraliser un tel dispositif. Plutôt une bonne nouvelle donc même si l'on sait que sa mise en œuvre est complexe et prendra du temps.

À l'heure où j'écris ces lignes, le chantier a été ouvert par l'administration et devrait donner lieu à une première étape consistant à faire que les services sociaux préremplissent des formulaires intégrant des informations financières et sociales, pour les adresser ensuite à une partie des bénéficiaires potentiels de prestations sociales en les invitant à se renseigner sur la possibilité d'ouvrir des droits.

Parallèlement, une grande campagne nationale sur le non-recours (comme celle menée en 2019 pour faire mieux connaître la prime d'activité) permettrait de pallier le manque d'information, mais aussi de rappeler que ces prestations renvoient à des droits collectifs et légitimes, et ainsi contribuer à changer un tant soit peu le regard négatif et stigmatisant qui pèse parfois sur les aides sociales.

Enfin, il est une autre approche qui mériterait grandement d'être plus largement déployée : « l'aller vers ». Aller au-devant des personnes qui rencontrent des difficultés et qui n'ont pas nécessairement l'information ou l'habitude de frapper à la porte des guichets des services publics, des travailleurs sociaux ou des associations. Et voir avec elles comment les aider et les accompagner. Voir si des aides auxquels elles ont droit pourraient leur être ouvertes, plutôt que de risquer de basculer dans la précarité ou de s'y installer durablement.

Bref, les chantiers à ouvrir sont multiples et il ne manque pas de bonnes pratiques dans nos territoires ou à l'étranger sur lesquelles s'appuyer pour lutter plus efficacement contre les exclusions. Mais une chose est certaine : une telle ambition ne pourra voir le jour sans moyens importants, notamment humains. D'où la nécessité, une fois encore, de dégager de nouvelles marges de manœuvre financières et, pour ce faire, de prioriser les dépenses en accordant une attention particulière aux questions sociales, mais aussi de partager davantage les richesses.

Une autre chose est certaine également : nous ne lutterons efficacement contre le non-recours et les exclusions qu'à condition de le vouloir réellement. Et donc de partager une vision positive de la protection des personnes en situation d'exclusion, car c'est elle qui nous conduira à chercher et trouver les meilleures réponses possible. Ce qui suppose de sortir des poncifs et des idées fausses, de mettre fin à la stigmatisation des personnes qui rencontrent des difficultés, pour revenir à la réalité des parcours, des souffrances comme des capacités de chacun.

Il s'agit en d'autres termes de réhumaniser la lutte contre les exclusions.

12

Des leviers à mobiliser pour sortir de nos impasses

La période est difficile sur le front des solidarités. Et c'est peu de le dire. Dans ce contexte incertain, bien présomptueux seraient ceux qui s'aventureraient à dire de quoi demain sera fait. La question de l'ambition que la société et nos responsables politiques sont prêts à déployer pour construire une société plus solidaire, plus écologique et plus juste est évidemment centrale. Mais elle n'est pas la seule. Car il ne suffit pas de vouloir, ou de dire, pour que les choses se fassent.

Se pose la question des moyens, nous l'avons pointée. Mais aussi des principes qui guident l'action publique. De la méthode. De la manière dont sont mobilisés et articulés les acteurs qui ont une responsabilité dans ce domaine. De la continuité de l'action publique. De la façon dont sont encouragés ceux qui sont prêts à jouer un rôle et veulent agir.

C'est à ces questions cruciales que je souhaite consacrer le dernier chapitre de ce livre.

L'État, la famille de ceux qui n'en ont pas…

Il est une réalité qui ne peut être écartée de notre réflexion : la pauvreté comme le mal-logement concernent une minorité de personnes au sein de la société. Trop de monde et d'insupportables souffrances bien sûr, mais une minorité tout de même. Quand bien même on considérerait également ceux qui sont sur le fil, qui s'en sortent difficilement ou ne sont pas très loin de basculer dans la précarité, le fait reste minoritaire. Cette réalité n'est pas anodine, notamment sur le plan politique. Non seulement parce que le sujet pèse finalement peu sur le vote (en termes de « potentiel électoral », diraient les plus cyniques) mais aussi parce que les personnes en situation de précarité sont souvent considérées comme se rendant encore moins que la moyenne aux urnes.

Au cours de ces dernières années, la lutte contre la pauvreté ou le mal-logement a par ailleurs rarement conduit à des mouvements sociaux d'envergure susceptibles de peser significativement sur les décisions de politiques publiques. La situation pourrait bien évoluer, comme cela a été le cas dans d'autres pays européens (à Berlin contre le logement cher, en Espagne face à des vagues d'expulsion après la crise économique de 2008, etc.), mais pour le moment tel n'est pas le cas, même si des mobilisations localisées ont récemment émergé. Je pense notamment à ces collectifs d'habitants mobilisés pour demander l'encadrement des locations saisonnières et freiner ainsi leur prolifération dans les villes touristiques, ou encore à ces groupes de parents d'élèves et d'enseignants qui se sont mobilisés dans plusieurs villes de France, après avoir constaté que des enfants dormaient à la rue et arrivaient à l'école sans avoir suffisamment dormi et mangé, ni avoir pu faire leurs devoirs. Des mobilisations qui ont conduit certains groupes à accueillir des enfants et familles sans domicile dans les écoles ou à leur payer des nuits d'hôtel. Une façon de compenser, dans l'urgence, les carences de l'État tout en l'interpellant pour qu'il remplisse sa mission.

Je pense aussi à des associations ou des collectifs qui portent depuis de longues années le combat contre le mal-logement (Droit au logement, le Collectif des associations unies dont la Fondation Abbé Pierre est l'un des fondateurs et porte-parole[1], etc.) ou à l'épisode des Enfants de Don Quichotte qui avait marqué les esprits en 2006, puis en 2008, au-delà même de nos frontières.

Hélas, force est de constater qu'au regard de l'étendue des problèmes et de leurs conséquences, les mobilisations restent relativement limitées. Je me suis d'ailleurs souvent demandé pourquoi les difficultés que vivent nombre de nos concitoyens ne donnaient pas lieu à davantage de mobilisations citoyennes. Sans doute ces souffrances et colères trouvent-elles en partie des débouchés vers d'autres échappatoires : le vote contestataire, l'abstention ou la prise de distance avec le monde politique. Mais cela tient aussi à d'autres raisons que j'ai pu approcher au fil des années. Chacun se

1. Constitué en janvier 2008, suite à l'installation de tentes devant la cathédrale Notre-Dame par les Enfants de Don Quichotte, le collectif rassemble 40 organisations nationales de lutte contre les exclusions impliquées dans le champ du logement et/ou de l'hébergement.

débrouille tant bien que mal et comme il le peut et considère que d'autres situations sont encore plus difficiles que la sienne : « Certes mon logement est trop petit mais il n'est pas insalubre » ; « Certes mon appartement est insalubre mais je ne vis pas dans un hébergement d'urgence » ; « Certes je vis dans un hébergement d'urgence mais je ne suis pas à la rue ». Sans compter que du côté de ceux qui sont en grande précarité, toute l'attention et l'énergie sont concentrées, chaque jour venu, sur la nécessité de s'en sortir, de se trouver un toit et de quoi se nourrir ou nourrir ses enfants…

Pour autant, le sujet est trop important pour considérer qu'il faille attendre que les colères grondent plus fort ou que des mobilisations massives voient le jour pour passer à l'action. Ce serait cynique et indigne. D'autres voies doivent être empruntées et en particulier celle visant à créer du consensus autour de la nécessité d'agir. La tâche peut paraître rude car le sujet est difficile à traiter et requiert des efforts dans la durée, à la différence de la gestion d'une crise passagère. Il semble par ailleurs peu « jovial » et « disruptif » aux yeux de certains responsables politiques, comme nous l'avons déjà souligné, et ne concerne qu'une partie limitée de la population, contrairement aux questions écologiques. Il faut pourtant bien trouver le chemin à emprunter pour parvenir à embarquer une large part de la société et dépasser l'écueil des égoïsmes…

C'est là où la question redevient éminemment politique. Il ne sera possible d'agir efficacement et durablement pour lutter contre le mal-logement, les exclusions et les inégalités, qu'à condition de mener une action politique qui dépasse les intérêts particuliers ou minoritaires. Ce qui suppose de s'assurer que les responsables politiques locaux et nationaux sont disposés à agir dans ce sens mais aussi qu'ils aient la légitimité de le faire, d'où l'importance de réhabiliter l'action politique[1]. Ce qui suppose aussi de réaffirmer que l'État doit prendre soin de ceux qui n'ont pas de soutien, car si l'État ne le fait pas, personne ne le fera à grande échelle. De le réaffirmer en ne cessant de revenir aux valeurs et aux fondamentaux de notre République et en rappelant que cela relève pleinement des compétences de la puissance publique.

Mais là encore ce ne sera pas suffisant. Car pour mener à bien une telle ambition, il faut par ailleurs déployer des politiques publiques efficaces, lisibles et durables. Il faut s'appuyer sur les différentes composantes de la société et les mettre en musique, tout en cultivant le collectif, les solidarités, les envies d'agir de façon à les démultiplier…

Assurer la continuité d'une action politique ambitieuse

Il est donc nécessaire de s'accorder sur la nécessité d'agir (pourquoi agir et pour qui ?) et sur l'ambition (jusqu'où aller dans le soutien ? quels résultats sociaux viser ?), mais aussi sur les modalités d'intervention : soutenir les plus défavorisés, réguler les marchés, cibler les aides publiques et en fixer les contreparties, répartir les

1. Un sujet qui résonne plus largement à l'heure où la prise de responsabilité politique, nécessaire pour faire fonctionner la société, est peu valorisée ; à l'heure où il est parfois difficile par exemple de trouver des candidats compétents prêts à s'engager pour être maire.

richesses pour dégager davantage de moyens… ? Des questions auxquelles j'ai tenté d'apporter mon éclairage au fil des chapitres qui précèdent. Mais nous avons aussi besoin de nous donner collectivement de la visibilité à court et moyen terme pour pouvoir nous projeter, déployer des dynamiques vertueuses et assurer la continuité de l'action.

C'est un point essentiel pour permettre à l'ensemble des parties prenantes (État, régions, départements, collectivités locales, entreprises, associations, bailleurs sociaux, acteurs de l'économie sociale et solidaire, etc.) de se mettre en mouvement de façon coordonnée et de se doter des moyens nécessaires. Pour les acteurs économiques comme pour ceux de l'action sociale, rien n'est pire en effet que le « stop-and-go », que le fait de devoir embarquer sa structure dans un nouveau dispositif, puis dans un autre, au gré des orientations de politiques publiques.

Il faut donc de la continuité. Cela passe notamment par l'élaboration de plans pluriannuels et de lois de programmation qui doivent par exemple couvrir, du côté de l'État, le temps d'un quinquennat. Une loi de programmation budgétaire quinquennale permet en effet d'éviter les aléas liés aux fluctuations annuelles des projets de loi de finances, lesquels sont parfois avant tout le reflet des tensions politiques du moment. Non pas que des ajustements ne puissent pas être faits au gré des événements et des imprévus, mais le cap reste fixé et chacun sait vers où nous nous dirigeons sur des sujets essentiels au bon fonctionnement du pays.

Durant mon parcours, j'ai pu mesurer à quel point cette mise en perspective présentait de sérieux atouts. Je pense par exemple au Plan de cohésion sociale entrepris par le ministre Jean-Louis Borloo.

Le périmètre élargi de son ministère[1] permettait de couvrir un large spectre de thématiques étroitement liées entre elles et ayant une forte dimension sociale (l'emploi, le logement, les quartiers populaires, etc.), et ainsi de contourner en partie les effets de silos et de concurrence que l'on rencontre fréquemment sur ces sujets au sein d'un gouvernement.

Par ailleurs, le Plan de cohésion sociale – et son volet législatif, « la loi de programmation pour la cohésion sociale » promulguée en janvier 2005 – avait fixé des objectifs dans différents domaines et pour toute la durée du quinquennat : création de 300 maisons de l'emploi, accompagnement de 800 000 jeunes en difficulté vers l'emploi, de 500 000 jeunes vers l'apprentissage, etc. Et sur le volet habitat : création de centres d'accueil pour demandeurs d'asile, de maisons relais, construction de 500 000 logements sociaux, mobilisation de 100 000 logements vacants ou conventionnement de 200 000 logements privés à loyers maîtrisés.

Un plan doté d'environ 16 milliards d'euros sur cinq ans qui succéda à la Loi d'orientation pour la ville et la rénovation urbaine qui donnerait naissance à l'Agence nationale pour la rénovation urbaine (ANRU) et inscrirait là aussi des objectifs et des moyens pluriannuels : 200 000 constructions de logements sociaux, 200 000 réhabilitations ou restructurations lourdes et

1. En tant que ministre de l'Emploi, du Travail et de la Cohésion sociale, puis ministre de l'Emploi, de la Cohésion sociale et du Logement.

200 000 démolitions de logements vétustes entre 2004 et 2008[1].

En matière de construction de logements sociaux – mais cela est vrai aussi pour la rénovation thermique comme dans bien d'autres domaines –, j'ai pu mesurer à quel point le fait de fixer les objectifs et les moyens dans la durée était essentiel. Cela permet aux acteurs du secteur de savoir sur quels moyens de l'action publique compter pour les années à venir et ainsi de calibrer leur propre développement en conséquence. Cela permet aussi d'assurer un suivi et, si nécessaire, de réajuster les moyens pour garantir l'atteinte des objectifs.

Or si ces dernières décennies la plupart des gouvernements ont fixé des objectifs annuels de construction de logements sociaux (c'était par exemple le cas sous le mandat de François Hollande ou lors des deux dernières années du premier quinquennat d'Emmanuel Macron, mais pas les trois premières), tous ne se sont pas engagés dans des lois de programmation budgétaires couvrant un large spectre des leviers à mobiliser pour mener des politiques sociales de grande ambition. D'où l'appel que nous lançons régulièrement à la Fondation Abbé Pierre, avec d'autres, pour mettre en place un plan quinquennal de lutte contre la pauvreté, les exclusions et le mal-logement.

1. Pour un bilan de la politique de rénovation urbaine, lire le rapport « L'agence nationale de rénovation urbaine (ANRU) et la mise en œuvre des programmes de renouvellement urbain (PNRU et NPNRU) », https://www.ccomptes.fr/system/files/2020-06/20200617-rapport-58-2-ANRU-PNRU_0.pdf

Toujours sur ce registre de la continuité de l'action publique, j'ai pu également observer que les changements trop fréquents de ministres peuvent parfois complexifier les choses. Par définition, toutes les personnes nommées à de tels postes ne connaissent pas sur le bout des doigts les subtilités du secteur dont elles prennent la responsabilité. Ce qui n'est pas un problème en soi puisqu'elles peuvent apprendre et s'appuyer sur leur administration, mais les changements trop fréquents compliquent tout de même l'équation.

Depuis dix-neuf ans que je suis à la Fondation Abbé Pierre, j'ai rencontré treize ministres du Logement, soit une moyenne de… un an et demi par ministre ! Autant de ministres et d'équipes autour de lui avec qui les acteurs doivent recomposer, dont ils doivent comprendre les ambitions, les capacités de peser au sein du gouvernement…

J'ai aussi pu constater que si, au démarrage du mandat de certains ministres, nous avons parfois eu d'importants écarts sur l'analyse de la situation du logement dans notre pays et des besoins à satisfaire, au fil du temps, ils tendaient à diminuer. À mesure que ces derniers s'appropriaient le sujet. Un constat qui n'est pas si surprenant vu que nous nous retrouvions en fin de compte dans « le même bateau » et confrontés aux mêmes obstacles : les blocages de certains acteurs, les difficultés d'articulation entre les différents niveaux d'intervention territoriaux, les résistances du ministère de l'Économie… D'où là encore, un intérêt certain à ce qu'il puisse y avoir un tant soit peu de continuité dans l'action ministérielle.

En ce qui concerne l'actualité du second quinquennat d'Emmanuel Macron, la mise en œuvre d'une loi de programmation budgétaire ambitieuse pour lutter contre la pauvreté, les inégalités et les difficultés liées au logement ne semble pas à ce stade à l'ordre du jour. Seul le nouveau plan quinquennal pour le Logement d'abord s'inscrit dans une logique pluriannuelle, mais comme nous l'avons vu, de façon déconnectée de décisions prises sur le logement social et les APL…

En revanche, en matière de transition écologique, une démarche en cours de développement dans le prolongement des promesses de campagne d'Emmanuel Macron en 2022 pourrait bien être porteuse d'une dynamique intéressante. Je fais ici référence à « la planification écologique » qui présente plusieurs atouts sur le plan des politiques publiques.

Tout d'abord, elle part des objectifs sur lesquels notre pays s'est engagé en matière de réduction des émissions de gaz à effet de serre : la neutralité carbone en 2050 avec une étape intermédiaire, la réduction de moitié de nos émissions en 2030 par rapport à 1990. Des objectifs précis donc, qui reposent sur des engagements internationaux qu'il nous faut atteindre.

Ces objectifs à court, moyen et long terme sont ensuite déclinés par secteurs d'activité (l'agriculture, le bâtiment, les transports, l'industrie, etc.), de façon à déterminer quels efforts chacun va devoir effectuer, nous faisant ainsi entrer « dans le dur » et dépasser les simples intentions générales.

Pour en assurer le pilotage, a été créé un secrétariat général à la planification écologique installé directement sous la responsabilité de la Première ministre, dans le souci de mettre le sujet en haut de la pile des priorités et au-dessus des différents ministères. De façon à en faire une des colonnes vertébrales de l'action publique ayant vocation à se diffuser dans l'ensemble des politiques sectorielles.

Il est trop tôt pour en tirer tous les enseignements mais la démarche est intéressante au sens où elle devrait, de fil en aiguille, conduire à identifier les leviers à mobiliser, comme les moyens à déployer au niveau de chaque secteur et de chaque territoire pour atteindre nos objectifs : normes et contraintes législatives, moyens budgétaires pour dissuader les mauvaises pratiques et encourager les bonnes, niveau d'investissement de la commande publique, politique de crédit ou modalités d'accompagnement des ménages et des secteurs économiques dans leur transformation.

Intéressante à ceci près qu'à ce stade, la démarche fait globalement abstraction de la dimension « sociale » de la transition écologique. Une carence qu'il est nécessaire de combler rapidement en intégrant cet enjeu aux indicateurs de suivi, et in fine, aux moyens déployés à l'échelle locale et nationale, comme nous le demandons avec le Pacte du pouvoir de vivre. Sans quoi, une fois de plus, le risque serait de passer à côté de la dimension juste de la transition écologique.

Cela pourrait par exemple passer par la mise en place d'un outil de mesure des impacts sur les ménages pauvres et modestes des interventions publiques en matière de transition écologique. Et plus largement par une évaluation des effets de toute réforme sur les 10 % de revenus les plus bas, afin de garantir que les politiques mises en œuvre n'accentuent pas les exclusions et les inégalités, ou que soient engagées les mesures correctives pour en inverser les effets.

Mais retenons tout de même l'intérêt de la démarche, et d'une planification qui gagnerait à être déclinée sur d'autres enjeux déterminants pour la société. Je veux bien sûr parler de ceux directement liés à la lutte contre les exclusions. Nous devons nous assurer qu'ils ne constituent plus la dernière roue du carrosse, tels des sujets relégués dans leur ministère, soumis aux pressions des vagues médiatiques ou des lobbies de toutes natures…

Redonner du souffle aux acteurs de la solidarité

Bien des leviers gagneraient à être davantage mobilisés pour faire monter en puissance des politiques plus sociales et solidaires. Mais il en est un qui pourrait être relativement rapide à actionner dans la mesure où il renvoie à des organisations et des acteurs dont les missions sont d'ores et déjà au cœur de ces chantiers. Je pense à l'attention et au soutien qu'il serait nécessaire de renforcer envers tous ceux qui agissent dans une logique d'aide aux plus fragiles ou pour l'intérêt général. Je veux parler des administrations, des ministères et des établissements publics ayant une vocation sociale (la Caisse nationale des allocations familiales ou la Caisse nationale de l'Assurance maladie), des organismes gérés paritairement par le patronat et les syndicats dont les missions touchent des thématiques à fort impact social (Action Logement ou l'Unedic qui gère l'assurance chômage), des services de collectivités territoriales en charge de l'action sociale (les fonds de solidarité logement départementaux ou les centres communaux d'action sociale), et bien sûr de toutes les associations qui œuvrent dans le secteur social. Responsables d'administration, de services sociaux ou d'associations, aides à domicile, aides à la personne, conseillers en économie sociale et familiale, assistants sociaux, éducateurs spécialisés, médiateurs sociaux, chargés d'insertion, moniteurs éducateurs, écoutants du 115, il y a dans notre pays des centaines de milliers d'acteurs mobilisés[1], auxquels il faut ajouter plusieurs millions de bénévoles investis dans le champ de la solidarité.

Mais nous l'avons déjà souligné, la fatigue guette parfois face à la massification des problèmes à gérer et le peu de solutions et de moyens à proposer. La démobilisation est là aussi quand la dynamique n'est pas au rendez-vous pour espérer une amélioration des réponses publiques ou quand les métiers sont peu valorisés ou trop mal payés.

Le manque d'attractivité de ces métiers est tel que, dans le domaine de l'aide à domicile, une intervention sur cinq ne peut être réalisée faute de personnel ! Dans le secteur social et médico-social, les associations pointent un manque de salariés de l'ordre de 10 à 15 %. Un véritable gâchis à l'heure où les besoins sociaux sont colossaux.

Il faut donc rapidement redonner du souffle à tous ces métiers et à toutes ces actions, de façon à stop-

1. Le secteur de l'action sociale concerne environ 1,2 million de salariés.

per l'hémorragie. Ce qui passe par une revalorisation de ces métiers sur le plan salarial, en termes de formation, de perspectives d'évolution de carrière et d'amélioration des conditions de travail… mais pas seulement. Il faut aussi redonner du souffle à l'ambition sociale et encourager les dynamiques collectives autour de ces enjeux. Il est insupportable d'être seul face aux souffrances sociales et de devoir se débrouiller avec des « miettes », des pansements ou des fragments de solutions que la société est prête à consentir. Ce n'est pas tout à fait la même chose que de contribuer, à son échelle, à une aventure collective ambitieuse pour soutenir les plus fragiles et les aider à sortir de leurs conditions difficiles.

Cela suppose aussi de renoncer à certaines dérives. Par exemple celle liée à la logique de rendement poussée jusqu'à l'excès qui ne permet pas aux acteurs de la solidarité de répondre de manière satisfaisante aux besoins rencontrés, voire dans certains cas qui conduit à remettre en cause leur déontologie professionnelle. Pensons par exemple au scandale Orpea dans le secteur de la dépendance et du grand âge. On peut penser aussi à l'affaiblissement des réponses sociales ou à leur mauvaise adaptation aux nouveaux besoins. Au point pour certains organismes d'être contraints de réduire leur voilure et sélectionner encore davantage les personnes qui seront aidées ou non. Un constat qui touche aussi le secteur associatif comme l'a montré l'alerte lancée début septembre 2023 par Patrice Douret, le président des Restos du cœur.

Je pense également à la multiplication des « appels à projets » lancés par la puissance publique locale ou nationale, auxquels les associations sont de plus en plus soumises pour obtenir des subventions, ce qui a pour effet de réduire considérablement leurs marges de manœuvre pour expérimenter, innover et s'adapter aux besoins qu'elles repèrent, au point parfois de remettre en cause leur propre projet social…

Mon parcours professionnel me conduit naturellement à penser qu'il faut davantage soutenir financièrement le secteur associatif et plus largement celui de l'économie sociale et solidaire. Je suis convaincu de son rôle déterminant pour répondre aux besoins sociaux, dans la proximité et la gestion désintéressée. Je le dis d'autant plus tranquillement que la Fondation Abbé Pierre, pour garantir son indépendance d'action et de plaidoyer, fait très peu appel aux subventions publiques et que son action est financée à plus de 95 % par la générosité publique (via des dons de particuliers, des legs et des assurances-vie, du mécénat d'entreprise, etc.). D'ailleurs, elle finance elle-même de nombreuses associations et constitue dès lors un bon observatoire de l'évolution du secteur. Je pense aussi qu'il faut veiller à continuer à financer les petites associations, dans la mesure où elles ont un rôle déterminant à jouer du fait de leur agilité, leur proximité de terrain, leurs capacités à répondre à des besoins émergents, leur rôle pour entretenir le lien social. On peut ainsi regretter que les évolutions récentes tendent à favoriser l'émergence de grosses structures associatives.

Il est aussi nécessaire de mobiliser plus fortement dans cette dynamique les établissements publics et les organismes paritaires. Ils s'inscrivent dans une longue histoire de l'intérêt général, disposent de moyens budgétaires très importants (qui se comptent en centaines de milliards d'euros si l'on intègre les prestations délivrées) et d'une capacité de frappe sur lesquels il est primordial de s'appuyer. Là encore, l'ambition que la société se donne, via la puissance publique qui doit pouvoir jouer le rôle de moteur, est essentielle pour espérer créer un fort engagement collectif.

Prenons un seul exemple : les salariés de l'assurance chômage n'agiront pas de la même manière si d'un côté on leur donne une grande ambition et des moyens en leur demandant de soutenir tous les demandeurs d'emploi (y compris ceux qui en sont très éloignés), ou si de l'autre, on réduit leurs marges de manœuvre et on leur impose une rationalisation qui peut, de fil en aiguille, faire perdre de vue l'attention aux plus fragiles[1]. Dans un cas, l'attention portée aux plus éloignés de l'emploi, qui peut nécessiter des démarches plus longues et qualitatives, pourra être significative ; dans l'autre, la priorité sera davantage mise sur les personnes les plus proches de l'emploi de façon à obtenir de bons résultats quantitatifs…

Cela recoupe aussi les enjeux liés à la responsabilisation des acteurs autour d'objectifs vertueux. Demander à des professionnels, qui croulent sous les demandes de personnes en difficulté, de rationaliser leurs pratiques pour faire des économies et uniquement des économies, ou leur indiquer que les ressources générées par ces efforts organisationnels seront redéployées pour

1. Rappelons que les deux réformes de l'assurance chômage engagées ces dernières années représentent plusieurs milliards d'euros d'économie pour l'État.

accroître les réponses aux personnes, ce n'est évidemment pas la même chose.

Toutes ces organisations avec leur histoire, leur identité, leurs bénévoles et salariés, représentent donc une formidable force de frappe qui gagnerait à être davantage mobilisée. En leur faisant davantage confiance. Et en se rappelant, si besoin était, que notre pays a un immense potentiel capable de construire une société plus solidaire et apaisée, comme la période de crise sanitaire l'a largement donné à voir.

Redonner du souffle à la démocratie représentative

Notre démocratie est fatiguée. Lors du second tour des élections législatives de 2022, le taux d'abstention a dépassé, comme en 2017, les 50 %. Sachant qu'une large part de la jeunesse boude les urnes : lors de ces mêmes législatives, plus des deux tiers des 18-34 ans n'ont tout simplement pas voté. Et la courbe est simple à analyser : plus on est âgé et plus on vote. Le taux d'abstention lors du second tour passe progressivement de 71 % chez les 18-24 ans à 34 % chez les 70 ans et plus. Même constat du côté des ressources des électeurs : les deux tiers des personnes qui gagnent moins de 1 250 euros par mois ne se sont pas déplacés dans les urnes contre 49 % de celles qui gagnent plus de 3 000 euros par mois. Terribles constats qui ont inexorablement des conséquences sur les attentions que portent pendant leur campagne les candidates et candidats à telle ou telle catégorie de votants, et au final sur les politiques qui seront conduites à leur égard.

Il est flagrant aujourd'hui que beaucoup de nos concitoyens ne croient plus vraiment au vote et en la capacité de nos élus de changer leur vie. Les « ce sont tous les mêmes », « c'est bonnet blanc, blanc bonnet », « à quoi bon » font florès. Même s'il est vrai, comme de nombreux observateurs de la vie politique française le soulignent, que l'on constate tout de même dans notre pays un intérêt pour le « fait politique », avec des sursauts lors de certaines élections, des débats toujours passionnés dans les dîners et de fortes mobilisations citoyennes qui font irruption lorsque des crises majeures surgissent : manifestations en réaction aux attentats de *Charlie Hebdo* et du Bataclan en 2015, marches pour le climat, et plus récemment mouvement contre la réforme des retraites…

Beaucoup serait à dire sur cette question de la démocratie représentative et sur son évolution inquiétante en France comme dans bien d'autres pays. C'est évidemment une réalité qui me préoccupe au plus haut point en tant que citoyen, mais aussi au regard de l'action qui est la nôtre. Car nous ne parviendrons pas à mener ce combat contre les exclusions et pour une transition écologique juste sans une forte intervention politique. La question de la légitimité de nos responsables politiques locaux et nationaux, et donc des conditions dans lesquelles ils sont élus, est dès lors déterminante. Mais elle n'est pas la seule.

Chacun perçoit bien aujourd'hui à quel point le seul temps des élections n'est pas suffisant pour dynamiser notre démocratie. Qu'une partie de nos concitoyens veulent avoir voix au chapitre, localement et nationalement, de façon plus régulière et selon des modalités qui ne se réduisent pas au vote lors des élections mais par exemple à l'occasion de référendums dits « d'initiative partagée ou citoyenne ».

Dans ce sens, les mouvements récents autour de la Convention citoyenne pour le climat ou celle portant sur la fin de vie, pilotées par le Conseil économique social et environnemental[1], sont particulièrement encourageants. Au-delà des résultats en tant que tels sur le plan politique[2], l'intention, les méthodes employées et les moyens mis sur la table sont à bien des égards intéressants.

Ils montrent que lorsque l'on prend le temps d'associer des citoyens tirés au sort sur la base d'une représentation de la société, hors des contraintes inhérentes aux appartenances politiques ou des enjeux de l'actualité politique immédiate (une élection par exemple), la donne change. La confrontation des idées, les délibérations et les prises de position citoyennes sont dès lors vraiment utiles pour éclairer les décisions, y compris sur des sujets complexes. C'est en tout cas ce que j'ai pu observer à propos de la Convention citoyenne pour le climat au cours de laquelle la Fondation Abbé Pierre, comme beaucoup d'autres, est venue apporter sa contribution au débat. Et j'ai recueilli les mêmes échos auprès

1. Le Conseil économique social et environnemental, Convention citoyenne sur la fin de vie, https://www.lecese.fr/convention-citoyenne-sur-la-fin-de-vie

2. Résultats qui ont été relativement limités pour la première et pas encore défini à l'heure où j'écris ces lignes pour la seconde, mais qui, quoi qu'il en soit, ne remettent pas en cause la pertinence de la démarche.

de personnes impliquées dans la Convention sur la fin de vie[1].

Certaines de ces expériences ont aussi pu montrer les écueils à éviter pour faire évoluer les futures initiatives de ce type. Je pense par exemple à l'importance de bien indiquer en amont comment la puissance publique sera amenée à se saisir des conclusions de ces travaux citoyens afin de limiter les effets déceptifs[2] ou les risques d'instrumentalisation. Je pense également au fait de veiller à bien circonscrire le sujet pour s'assurer qu'il pourra être saisi dans toute sa complexité par les décideurs. Mais le sillon est le bon et doit continuer à être creusé. Tout en recourant à d'autres leviers qui vont eux aussi dans le sens de la réponse à une demande croissante de participation.

Il peut par exemple s'agir de consultations citoyennes locales ou nationales, à condition d'être là aussi transparents sur la méthode et la manière de se saisir des résultats. On peut penser aux budgets participatifs mis en place par certaines collectivités qui invitent leurs administrés à se prononcer sur les priorités à financer à partir d'enveloppes définies en amont (souvent encore relativement limitées mais qui pourraient très bien être augmentées) ; à une évolution du référendum d'initiative partagée qui permet, en

1. Notamment auprès de Claire Thoury, la présidente du Mouvement associatif, qui a présidé le comité de gouvernance de la Convention citoyenne.

2. On se rappelle les propos du président de la République, Emmanuel Macron, lors de la Convention citoyenne pour le climat qui avait indiqué vouloir en reprendre « sans filtre » les conclusions. Et la désillusion à laquelle cela a pu conduire…

théorie, de déclencher une initiative citoyenne législative, mais qui est aujourd'hui bien trop difficile à mobiliser (il faut réunir un cinquième des membres du Parlement et un dixième des électeurs), raison pour laquelle il n'a jamais été utilisé depuis sa création en 2008.

Je pense aussi, en ce qui concerne les fonctions d'élus politiques, au fait de réduire le nombre de mandats dans le temps, pour favoriser le renouvellement des personnes et des profils ; ou encore à un recours plus important au scrutin proportionnel ou mixte, par exemple pour les élections législatives, de façon que l'Assemblée nationale soit davantage le reflet de la diversité des opinions du pays, et pour favoriser le débat entre le pouvoir exécutif et les forces politiques de la nation…

Redonner du souffle à la société civile

Il est un autre levier essentiel qui doit faire l'objet d'une attention beaucoup plus grande si l'on veut tenter d'inverser la désaffection à l'égard des « questions publiques » : donner davantage de place aux corps intermédiaires et à la société civile organisée.

Des termes qui font spontanément écho aux partenaires sociaux, lesquels occupent une place importante dans la mise en œuvre des politiques publiques, autant que dans le monde professionnel. Nous avons déjà évoqué l'importance de l'action des organismes paritaires cogérés par les représentants des employeurs et des salariés sur le plan social. On pense aussi à leurs missions de représentation et de délibération lors de réformes liées au travail, à l'emploi, à la formation professionnelle ou à la protection sociale. Ou à leur apport aux grands débats de société qui traversent notre pays. Ou encore, du côté des syndicats de salariés, au dialogue social dans les entreprises, à la défense des travailleurs, au vote de conventions collectives, etc. Autant de missions essentielles qui font concrètement vivre la démocratie sociale, d'où l'importance de la place que leur accordent (ou pas) les responsables politiques.

Mais le terme « société civile organisée » va au-delà des syndicats ou du paritarisme. Il renvoie aux rôles que peuvent jouer les associations, les fondations, les organisations non gouvernementales, le secteur mutualiste ou celui de l'économie sociale et solidaire. Pour illustrer l'importance de leur action comme les perspectives qu'ils pourraient ouvrir pour régénérer le débat public, je souhaite faire part d'une initiative particulièrement prometteuse à laquelle j'ai eu la chance de participer : la création du Pacte du pouvoir de vivre.

Il a déjà été question du Pacte dans ce livre, mais je propose de revenir sur les motivations qui ont été à l'origine de sa création et sur les principaux défis qui l'animent aujourd'hui. Le Pacte est né dans la foulée du mouvement des Gilets jaunes et des tensions qu'a connues le pays en 2018. En réponse à cette forte mobilisation sociale et dans l'espoir de répondre à la colère sociale, le gouvernement a déployé différentes aides principalement ciblées sur les classes moyennes dont nous avons déjà parlé (hausse de la prime d'activité ou du chèque énergie). Mais le président de la République a aussi voulu renouer le dialogue avec la population dans le cadre d'un « grand débat » qui s'est déroulé sur une période de quatre mois au début de l'année 2019. Sans remettre en cause le principe ni l'utilité d'une telle initiative, plusieurs organisations issues de la société civile constataient toutefois que le dialogue direct entre le président et les citoyens, aussi nécessaire puisse-t-il être, risquait de laisser de côté les corps intermédiaires qui avaient pourtant beaucoup à dire sur la séquence que nous venions de vivre et plus largement sur la société et ses évolutions.

Ainsi est né le Pacte du pouvoir de vivre autour de 19 organisations qui, le 5 mars 2019, ont présenté lors d'une conférence de presse leurs propositions visant à répondre à l'urgence sociale, écologique et démocratique du pays. Un tour de France a été organisé pour présenter ces propositions et susciter des débats locaux ; puis l'activité du Pacte a été rythmée par l'organisation de conférences de presse, la production de tribunes, de vidéos d'interpellation, de prises de parole médiatiques à l'occasion d'échéances électorales ou de crises majeures (crise sanitaire, violences qui ont succédé à la mort du jeune Nahel M. tué par un policier, etc.). Des rencontres ont également eu lieu avec de nombreux responsables politiques (Premier ministre, ministres, maires, députés et représentants de partis politiques) autour des propositions du Pacte ou des réformes en cours.

L'alliance s'est au fil des années élargie de sorte que le Pacte compte aujourd'hui plus de 60 organisations et plus de 30 groupes locaux. Et en 2021-2022, en amont de l'élection présidentielle, un important travail de fond a été mené pendant près d'un an pour donner naissance à un nouveau socle de 90 propositions[1]. Dans la foulée, une campagne de plaidoyer visant à faire vivre ces

1. Pacte du pouvoir de vivre, *90 propositions pour le pouvoir de vivre*, 2021, https://www.pactedupouvoirdevivre.fr/projet/propositions

propositions a été déployée pendant toute la période préélectorale, campagne que j'ai eu le plaisir de lancer en tant que porte-parole du Pacte début novembre 2021 dans la matinale de France Inter aux côtés de Laurent Berger, alors secrétaire général de la CFDT, une des organisations très actives au sein de cette alliance inédite[1].

Pourquoi une alliance inédite? Par sa composition d'abord. Le Pacte rassemble des organisations d'horizons très divers: associations environnementales (Réseau Action Climat, Fondation pour la nature et l'homme, etc.), de lutte contre la pauvreté et les inégalités (Oxfam, ATD Quart Monde, Secours catholique, Fédération des acteurs de la solidarité, Uniopss, Emmaüs France, Fondation Abbé Pierre, etc.), organisations syndicales ou représentatives (CFDT, Mouvement associatif, Chambre française de l'économie sociale et solidaire, etc.), du champ mutualiste, du logement social ou de l'inclusion (Mutualité française, Union sociale pour l'habitat, offices publics de l'habitat, APF France Handicap, etc.) ou encore de défense des personnes exilées, de jeunesse ou d'éducation populaire (Cimade, France terre d'asile, Fage, Ligue de l'enseignement, Fédération des centres sociaux, etc.)[2].

Inédite au regard de son objet également: pour la première fois, ces organisations qui partagent la vision selon laquelle on ne peut plus dissocier les questions

1. France Inter, le 5 novembre 2021, Laurent Berger et Christophe Robert: « Ce que nous voulons, c'est peser dans le débat présidentiel », https://youtu.be/eYpZlCSBjIg

2. https://www.collectif-associations-unies.org/

sociales, écologiques et démocratiques se sont engagées ensemble. Avec deux idées majeures : contribuer à faire évoluer le débat public sur ces enjeux de société et construire un rapport de force face à un gouvernement qui peinait à entendre la société civile organisée.

Avec l'idée aussi que les leviers à mobiliser peuvent être vertueux à condition de traiter les sujets de manière globale et de sortir des tuyaux d'orgue. L'exemple de la rénovation thermique des logements est à ce titre éclairant. Rénover les passoires thermiques du pays réduit fortement les émissions de gaz à effet de serre (rappelons que le bâtiment en est un des principaux émetteurs). Cela redonne du pouvoir d'achat aux ménages pauvres et modestes qui les occupent (du fait d'une baisse des charges), réduit les coûts sanitaires liés à la précarité énergétique tout en favorisant le développement économique des territoires et l'emploi.

Avec l'idée enfin que si l'on part de plus loin sur d'autres sujets (comme le débat autour de la nécessité de construire des logements tout en luttant contre l'artificialisation des sols, ou celui sur les répercussions sur les ménages modestes du déploiement des zones à faibles émissions mobilité), il est précisément très important d'instruire sans attendre ces débats de manière apaisée et exigeante. Cela permettrait d'opérer les choix courageux qui s'imposent tout en veillant à ce que cela ne conduise pas à davantage d'exclusions.

L'idée d'alliances entre organisations autour de causes communes n'est pas nouvelle. Pour ne parler que des principales auxquelles la Fondation Abbé Pierre est associée, on peut évoquer le collectif Alerte créé en 1994 qui réunit aujourd'hui 34 fédérations et associations nationales de solidarité, engagées dans la lutte contre la pauvreté et l'exclusion[1]. Ou plus récemment le Collectif des associations unies dont nous avons déjà parlé. Des alliances indispensables qui ont permis de faire évoluer concrètement les réponses apportées aux personnes en situation d'exclusion mais aussi de faire évoluer le débat public sur ces sujets.

La dimension particulière du Pacte tient toutefois au fait qu'il rassemble un grand nombre d'organisations qui interviennent dans des champs très différents et sont de natures institutionnelles tout aussi diverses. Des organisations qui sont convaincues que pour mener à bien les réformes nécessaires, il est essentiel de faire vivre concrètement le débat démocratique et l'engagement. Mais aussi d'entraîner un maximum de structures et de citoyens autour de ces enjeux sociaux et environnementaux complexes. En partant du principe qu'aucune organisation, aucun acteur économique, aucune collectivité, ni même aucun gouvernement ou président de la République, ne peut relever ces défis sans de nouvelles formes de coopération, d'engagement et de partage des responsabilités, et que nous avons absolument besoin de toutes les forces vives de la nation.

Ça n'est hélas pas le chemin que nous semblons prendre, en tout cas pas avec suffisamment d'ambition. Peut-être en raison de notre histoire politique et sociale. Mais aussi parce que nous sommes face à un gouvernement et un président qui, à tout le moins lors de son premier quinquennat (nous tirerons les enseignements

1. https://www.alerte-exclusions.fr/fr

du second une fois qu'il sera terminé), a accordé bien peu de place aux corps intermédiaires et à la société civile dans la définition et la mise en œuvre des politiques publiques. Une réalité qui a d'ailleurs été largement commentée par les observateurs politiques et les médias qui n'ont cessé de qualifier le premier quinquennat d'Emmanuel Macron de « présidence jupitérienne[1] », « ultra-centralisée », « très verticale »... Une réalité que je déplore tant il me paraît illusoire de penser pouvoir changer la situation du pays depuis le perron de Matignon ou de l'Élysée...

À ce propos, au cours de l'année 2023, j'ai fait une expérience assez étrange dans le cadre d'une concertation lancée par le gouvernement : le Conseil national de la refondation logement. Comme je l'ai déjà indiqué, j'ai été convié à siéger au CNR national, instance de dialogue créée par Emmanuel Macron au début de son second mandat. Lequel avait été annoncé pendant la campagne électorale comme allant être plus ouvert que le premier : il était question de « nouvelle méthode démocratique », de « présidence plus horizontale », « qui associe toutes les parties prenantes ».

Lors d'une séance de ce CNR national, nous avions pointé avec de nombreux acteurs (le président du Medef, des présidents d'associations d'élus ou des représentants syndicaux) les fortes inquiétudes que suscitaient les difficultés liées au logement et leurs

1. L'intéressé lui-même avait repris la formule de « président jupitérien » lors de sa campagne pour l'opposer au « président normal » incarné par François Hollande, notamment dans une interview au magazine *Challenge*, le 16 octobre 2016.

multiples conséquences : exclusion, baisse du pouvoir d'achat, problèmes de santé, de scolarisation, impacts sur la cohésion territoriale, sur l'environnement, le développement économique, l'emploi, entre autres. Dans la foulée, au moment de faire la synthèse de la journée, le président de la République a décidé d'organiser un CNR dédié à la question du logement et demandé au ministre qui en avait la charge de l'organiser. Une décision qui sonnait comme une bien bonne nouvelle, après cinq années difficiles sur ce front.

Le ministre du Logement de l'époque, Olivier Klein, m'a ensuite demandé si j'acceptais de l'animer aux côtés de Véronique Bédague, la directrice générale de Nexity. L'idée était de représenter, via nos organisations respectives, les deux pôles d'un large spectre d'acteurs du logement. Nous avons accepté et mis en place trois groupes de travail animés par diverses personnalités du secteur (une députée, un maire, des spécialistes du logement, un directeur d'organisme HLM, une représentante de l'ordre des architectes).

Six mois de travail ont mobilisé plus de 200 personnes investies sur le champ du logement ; 250 propositions ont été mises sur la table avant d'atterrir sur une vingtaine de chantiers prioritaires à mettre en œuvre rapidement. Un travail de qualité que nous avons livré au gouvernement. Surtout, des acteurs du logement qui, au-delà de leurs histoires, de leurs intérêts particuliers et de leurs revendications sectorielles, ont joué le jeu de la recherche du consensus pour établir les priorités qui permettraient de répondre à la grave crise du logement que connaît notre pays.

Finalement, lorsqu'en juin 2023 les conclusions ont été rendues publiques, en présence de la Première ministre, et que le temps était venu pour le gouvernement de prendre les décisions, la déception a été à la hauteur des espérances suscitées. Quelques mesures, bien modestes au regard de l'ampleur du problème, ont certes été retenues. Des chantiers ont également été annoncés comme allant être ouverts. Mais clairement, si nous avons été écoutés, nous n'avons pas été entendus ! Alors même que la commande émanait des responsables politiques en place, le président de la République en tête, et que les dégâts comme les souffrances provoqués par la crise du logement sont considérables.

Le travail accompli à cette occasion garde toute son utilité et pourra servir le moment venu ; raison pour laquelle je n'ai aucun regret d'avoir participé à ce projet collectif. Mais cette séquence, comme d'autres d'ailleurs, me conduit à insister sur le fait que s'il est indispensable de créer des espaces de dialogue et de concertation entre la puissance publique et la société civile, les acteurs intermédiaires, les acteurs économiques… cela n'est pas suffisant.

Il est également essentiel de réellement considérer le travail de ces acteurs, en analysant sérieusement les propositions qu'ils peuvent émettre. Quitte à expliquer pourquoi elles ne sont pas jugées pertinentes à retenir. Il faut aussi les associer pleinement à la mise en œuvre concrète des politiques publiques. Ce qui suppose préalablement de sincèrement croire à la nécessité et l'utilité d'embarquer les acteurs intermédiaires dans les transformations de la société… Sans quoi les déceptions sont grandes et le découragement guette, renforçant au passage ce fameux « à quoi bon ? » qui ne cesse de gagner du terrain…

Je suis convaincu que pour mener à bien les grands défis de notre société, nous avons absolument besoin des décideurs politiques locaux et nationaux qui détiennent entre leurs mains une grande partie de la solution. Mais nous avons aussi besoin d'un maximum d'acteurs, de collectivités locales, d'entreprises, d'associations, de citoyens… et à cet égard, le rôle de la société civile organisée est central. Central parce que ce sont des intermédiaires entre ce que vit la population dans sa diversité sociale et territoriale et la décision publique. C'est d'ailleurs bien pour ces raisons qu'à l'occasion de crises majeures (par exemple la crise sanitaire), la société civile est fortement mise à contribution, tant pour identifier les difficultés que pour apporter les réponses au plus près de ce que vivent les personnes.

De fait, les organisations de la société civile sont proches de la population parce qu'implantées dans tous les territoires. Les organisations qui composent le Pacte renvoient par exemple à des milliers de structures locales, des centaines de milliers de salariés, de bénévoles, d'adhérents, de mutualistes, de militants, de sympathisants qui agissent au quotidien dans des univers très différents. En milieu rural et urbain, dans les métropoles, les villages ou les quartiers populaires, dans de petites ou grandes entreprises, au sein des associations, à proximité des dispositifs publics locaux, elles sont en contact direct avec une grande diversité de personnes, y compris celles qui ne sont parfois plus dans le viseur politique ou médiatique et celles qui souffrent d'isolement, de difficultés sociales et qui ont besoin d'être entendues. Elles sont capables de repérer les signaux faibles liés aux réalités émergentes. Dotées d'une expertise de terrain, elles sont aussi souvent productrices de savoirs, d'études ou de recherches. Elles peuvent être amenées à commencer des expérimentations particulièrement utiles pour tester de nouvelles réponses aux réalités changeantes sur le plan social, économique ou écologique…

Bref, elles sont à même de constituer, à condition d'en partager les finalités bien sûr, des relais essentiels pour déployer de nouveaux chantiers, mettre concrètement en œuvre des décisions publiques sur les territoires et emporter avec elles des centaines de milliers de personnes.

Autant de réalités qui constituent des atouts majeurs pour répondre aux immenses défis qui sont devant nous. Ce sont d'ailleurs ces différentes raisons qui ont aussi conduit de nombreuses organisations à se regrouper au sein du Pacte et à dépasser leurs seuls champs d'intervention. Se rassembler pour être plus forts et peser davantage dans le débat public et auprès des décideurs. Se rassembler pour rendre visibles les insuffisances des politiques publiques et les souffrances souvent silencieuses qui les accompagnent ; mais aussi pour faire connaître la multitude d'initiatives positives qui se déploient chaque jour dans nos territoires et les envies d'engagement de ceux – dont de nombreux jeunes – qui ont soif de changement[1]. Se rassembler

---

1. On constate d'ailleurs que l'engagement de citoyens dans des organisations de la société civile conduit parfois à susciter d'autres envies. L'investissement dans une association ou un syndicat permet

enfin pour être acteurs du changement, convaincus que l'on peut agir autrement et contribuer collectivement à faire émerger un nouveau modèle de société et de développement, plus solidaire, plus juste et plus respectueux de notre planète.

Bref, c'est bien en s'appuyant sur une nouvelle articulation entre démocratie représentative, démocratie sociale et démocratie citoyenne qu'il devrait être possible de redonner du souffle et de la confiance au sein de notre pays. Le tout impulsé par un État stratège qui fixe le cap et assure la cohérence et la solidarité des chantiers entrepris en articulation avec les collectivités territoriales. C'est aussi en renforçant la place de la société civile dans l'élaboration des politiques publiques que les responsables politiques pourront s'appuyer sur une large expertise, qui émane d'une grande diversité de situations sociales et de territoires, permettant ainsi de prendre des décisions mieux partagées, mieux adaptées et donc mieux acceptées et relayées.

Regarder et écouter la France telle qu'elle est...

Ce chantier de taille doit donc s'adosser à un pilotage politique qui laisse davantage de place à la négociation

---

par exemple de comprendre quels sont les enjeux qui gravitent autour des sujets abordés (le logement, le travail, etc.), mais aussi plus largement le fonctionnement des politiques publiques, les leviers qui pourraient être mobilisés mais ne le sont pas assez… Ce qui suscite parfois des envies de s'engager au-delà, notamment dans des sphères plus politiques.

et à la délibération avec les partenaires sociaux, la société civile ou les collectivités, mais aussi plus largement, à un débat public plus qualitatif, tourné vers la société dans son ensemble.

Un enjeu d'autant plus important à l'heure où il devient de plus en plus difficile d'avoir des échanges de qualité sur les grands sujets de société. On le voit aujourd'hui sur la lutte contre les exclusions autour du débat sur le RSA, les APL ou l'accueil des personnes exilées par exemple ; on l'a aussi vu très récemment sur la réforme des retraites et on risque de le voir de plus en plus, je le crains, sur la question écologique. Or comment mener des politiques publiques et obtenir l'adhésion d'une large part de la population sans échanges, sans débats de qualité, apaisés et accessibles au plus grand nombre ?

Pour ne prendre qu'un exemple récent qui permet d'illustrer ces enjeux, revenons sur les annonces politiques autour de la « pension minimum de retraite » au début de l'année 2023. Le gouvernement, soucieux de prouver que sa réforme était équilibrée, a affiché le principe d'une « pension minimum de 1 200 euros » pour tous ceux qui avaient eu une carrière complète. C'est en tout cas ce que beaucoup ont compris au moment de ces annonces.

Une première confusion a émergé lorsque certains membres du gouvernement ont précisé que ce serait 1 200 euros net par mois, tandis que d'autres affirmaient que ce serait 1 200 euros brut. Est ensuite venu le temps du questionnement sur le nombre de ménages concernés par la mesure. Il a alors été question pour certains de « tous les retraités », puis pour d'autres de « 2 millions de retraités qui sont aujourd'hui en dessous de 1 200 euros et qui passeraient alors à 1 200 euros ».

Quelques jours avant le passage de la loi au Parlement, le ministre du Travail a finalement précisé que de nouvelles estimations indiquaient que cela concernerait 250 000 personnes actuellement à la retraite et 40 000 nouveaux entrants chaque année. Et l'histoire ne se termine pas là puisqu'au final le dispositif devrait concerner deux à quatre fois moins de personnes que ces dernières estimations…

Pour ma part, sur le moment, j'avais été agréablement surpris par cette annonce, dans la mesure où cela représentait un effort non négligeable à destination des plus modestes au regard du montant actuel du minimum retraite (qui s'élève à 961 euros par mois). Mais en fait non…

Comment expliquer une telle confusion ? Cela relève-t-il d'un manque de données fiables pour mesurer l'impact de ce volet de la réforme ? Ce serait plus que préoccupant puisque cela signifierait qu'elle serait en partie menée de façon aveugle. S'agissait-il d'une « séquence de communication » dont l'objectif visait avant tout à convaincre du caractère social de la réforme, à un moment où elle était très critiquée pour son caractère injuste, quitte à laisser de côté la justesse des informations diffusées ? Je n'ose l'imaginer. Ou alors certains responsables politiques se sont-ils exprimés en se contentant de relayer des « éléments de langage » transmis par je ne sais qui, sans les avoir préalablement vérifiés ? Possible, mais ça ne serait pas davantage rassurant.

Fort heureusement toutes les communications politiques ne sont pas aussi cacophoniques que l'a été cet épisode et il faut reconnaître que les sujets peuvent parfois être complexes. Mais il n'en reste pas moins que beaucoup de ces communications demeurent inaudibles aux yeux du plus grand nombre. Parce que, dans certains cas, elles apparaissent trop générales ou trop incantatoires, ou dans d'autres cas trop techniques. Mais le plus souvent c'est parce qu'elles sont considérées comme déconnectées des préoccupations majeures de la population, avec des conséquences importantes auprès de ceux qui considèrent que cela traduit un réel manque de considération. Je pense à tous ceux qui ont imaginé que leur retraite allait être relevée à 1 200 euros. Ou à ceux qui y voient la preuve de l'éloignement du monde politique par rapport à ce qu'ils vivent au quotidien. Ce qui renforce au passage l'idée que « les politiques rouleraient avant tout pour eux », et creuse un peu plus la défiance à l'égard du monde politique.

D'une manière plus générale, il est vraiment essentiel que le débat politique parvienne à sortir de l'entre-soi et d'un langage qui a tendance à entretenir, volontairement ou non, la mise à distance d'une large part de la population. Et surtout qu'il parle des sujets qui préoccupent les gens au quotidien. Leur avenir et celui de leurs enfants, l'accès aux services publics, leur pouvoir d'achat, la peur du déclassement, de l'exclusion, leurs inquiétudes face aux enjeux climatiques et aux réformes à venir qui pourraient les exclure davantage, leurs difficultés de logement, de mobilité, d'accès à la santé, à une alimentation saine, etc. Mais là aussi, encore faut-il vouloir traiter réellement ces sujets car les pointer sans y apporter de réponses concrètes et d'envergure pourrait bien être pire que mieux.

La question est d'autant plus sérieuse que de récentes analyses sur le sujet ne sont guère rassurantes. Je pense en particulier à cette étude sur la confiance en la politique réalisée au début de l'année 2023[1] : elle montre que les « Français sont ceux qui, en Europe, s'intéressent le moins à la politique » – à peine la moitié d'entre eux se passionnent pour la vie publique, contre 77 % en Allemagne ou 65 % en Italie. Plus qu'ailleurs, celle-ci leur inspire en majorité « méfiance » et « dégoût », un sentiment qui s'était atténué pendant la crise du Covid-19.

Les hommes politiques sont vus comme « plutôt corrompus » et servant en priorité « leurs propres intérêts », dans des proportions qui excèdent celles constatées ailleurs ». L'étude montre en revanche que « plus qu'ailleurs, les Français demandent de façon récurrente une plus grande implication de la société civile, dans la vie politique, de façon directe ou par le biais de l'engagement syndical ou associatif (68 %) ». Autant d'alertes qui méritent la plus grande attention, mais aussi montrent de fortes attentes quant à la place donnée à la société civile, auxquelles il faut répondre avec sérieux[2].

---

1. Enquête réalisée par l'institut OpinionWay pour le Centre de recherche politique de Sciences Po dans quatre pays européens, https://www.sciencespo.fr/cevipof/content/le-baromètre-de-la-confiance-politique.html

2. Je disais plus haut que ce chantier était de taille. Il l'est d'autant plus qu'il dépasse la seule responsabilité du monde politique. Il concerne aussi les médias (ou plutôt une partie des médias), remis en cause par une part de plus en plus importante de la population, pour de bonnes ou de mauvaises raisons. Et notamment par ceux qui constatent des collusions croissantes entre les médias et le monde des affaires, entre les médias et le monde politique, lesquels contribuent à

Il est enfin un autre levier qui pourrait nous aider à sortir d'une partie de nos impasses : regarder et écouter la France telle qu'elle est, et non telle que de nombreux responsables politiques se l'imaginent ou voudraient qu'elle soit. Un principe au premier abord évident, mais qui ne l'est pas tant que cela. Écouter ce qu'ont à dire les citoyens et les territoires dans leurs diversités. Écouter les inquiétudes, les peurs comme les envies de changement et d'engagement ou les idées énoncées pour faire évoluer la société.

Je constate par exemple que lorsque la Fondation Abbé Pierre (comme d'autres bien sûr) rend visibles les réalités vécues par les personnes mal-logées, via des témoignages écrits, audio ou vidéo, le regard change dans bien des cas. Ils font sortir de la seule logique des chiffres qui, bien que nécessaires, en particulier pour suivre les évolutions dans le temps, ont pour effet de déshumaniser les situations et de mettre le problème à distance : « Les hommes politiques ne connaissent la misère que par les statistiques. On ne pleure pas devant les chiffres », disait l'abbé Pierre.

Quand nous présentons de courts films qui montrent la complexité des parcours, ce qui est fait et mobilisé par les personnes pour tenter de se sortir de leurs

---

semer davantage le doute sur l'indépendance de l'information. Il concerne aussi les réseaux sociaux, dont la montée en puissance ne cesse de susciter, jour après jour, des inquiétudes majeures autour de la désinformation et des effets délétères d'algorithmes programmés pour accroître la diffusion des contenus les plus « sensationnels ». Il concerne également l'émergence dans nos vies de l'intelligence artificielle qui soulève de nouveaux enjeux, notamment autour de la fiabilité des sources d'information.

situations difficiles, ou les souffrances que génère l'exclusion, les regards et l'attention changent. Des personnes nous disent être profondément touchées et trouver cela bien injuste, nous demandent ce qu'elles pourraient faire pour aider, voire proposent des solutions concrètes (y compris des logements). Il arrive aussi que des responsables politiques nous disent qu'ils considèrent que ce qu'ils viennent de voir n'est pas acceptable et proposent de regarder quelles solutions apporter. Ce qui m'a conduit à plusieurs reprises à demander (certes heureux de ces attentions, mais aussi agacé qu'il faille en passer par là) s'il faudrait présenter quatre millions de portraits de mal-logés pour qu'enfin les choses changent…

Il est évident qu'une partie des décideurs et de la population ne mesure pas clairement ce qu'endurent les personnes en difficulté ni pourquoi elles se retrouvent dans de telles situations ; et que ça n'est donc pas seulement l'indifférence ou le rejet qui sont en cause dans les décisions publiques ou les discours qui laissent trop peu de place à la solidarité. La méconnaissance, la distance, le fait d'être soi-même enfoui et englué sous des tas de préoccupations, peuvent aussi jouer. Donner la parole à ceux qui sont en situation d'exclusion est avant tout essentiel pour que des réponses leur soient apportées, alors que certains se refusent à voir ces réalités en face ou se contentent de les maintenir sous le tapis. Mais cette démarche de mise en visibilité est également indispensable pour favoriser chez d'autres la prise de conscience et parfois le déclenchement de nouvelles solidarités. L'écoute, la mise en visibilité, la compréhension des parcours et des « épreuves de la vie[1] » comme point de départ de l'action…

Davantage écouter, ce serait aussi se rendre compte qu'une part importante de la population aspire à plus de solidarités, à un renforcement des services publics et de la protection sociale, comme à pouvoir donner son opinion sur les sujets qui comptent pour la société. Le débat autour de la réforme des retraites en a d'ailleurs été une bonne illustration. La forte mobilisation qu'elle a suscitée a traduit une envie profonde d'être partie prenante sur un sujet important pour l'avenir du pays, mais aussi une envie de faire évoluer la réforme pour la rendre plus juste.

Ce besoin de plus grande écoute recoupe également l'importance de se pencher sur les envies d'agir, sur ce qui marche, ce qui a fait ses preuves, pour en comprendre les ressorts et identifier ce qui gagnerait à être davantage soutenu, dupliqué, voire généralisé. Cela permettrait par exemple de constater à quel point le secteur de l'action sociale a besoin d'être renforcé. À quel point si l'on veut vraiment aider les personnes qui ont été confrontées à d'importantes difficultés, il est illusoire, par exemple, de demander aux travailleurs sociaux d'accompagner toujours plus de personnes avec toujours moins de moyens.

Une mise en visibilité que nous cherchons aussi à développer à la Fondation Abbé Pierre, même s'il faut bien reconnaître que cela reste difficile, notamment parce que parler des trains qui arrivent à l'heure suscite

1. Pierre Rosanvallon, *Les Épreuves de la vie. Comprendre autrement les Français*, Seuil, 2021.

bien moins d'intérêt et d'échos que de parler de ce qui fâche ou inquiète[1].

Bref, il faut absolument redonner de la voix aux « sans-voix » comme le disait l'abbé Pierre. Et donner davantage de force à ceux qui veulent agir pour un monde plus juste, plus solidaire et respectueux de notre planète. Sachant que cela ne se fera pas tout seul, et qu'il est urgent de créer les cadres et les espaces qui permettront de faire converger les bonnes volontés et les actions positives.

Alors on attend quoi ?

1. Pour tenter de contourner cette difficulté et de donner de la visibilité à ces actions positives, nous avons par exemple travaillé avec des personnalités proches de la Fondation, notamment avec l'humoriste et actrice Blanche Gardin avec qui nous avons réalisé de courtes vidéos à partager sur les réseaux sociaux.

Épilogue

Un appel à l'engagement et à l'apaisement

Bien des questions continuent de me tarauder au moment d'écrire les dernières pages de ce livre. Comment en est-on arrivé là ? De quoi demain sera fait ? Comment agir désormais pour avoir une chance de construire un monde plus solidaire et plus respectueux de notre planète ?

J'ai pleinement conscience que la plupart des sujets traités au fil des chapitres ne sont pas très réjouissants. Parler de ceux qui souffrent de ne pas avoir de toit, de ceux qui n'ont pas suffisamment de ressources pour apporter des conditions de vie dignes à leurs enfants, ou qui ont peur de basculer dans la précarité, n'est effectivement pas très joyeux. Pas davantage que ne l'est le constat pourtant irréfutable de ce lent creusement des inégalités, de la montée des tensions sociales ou la multiplication des graves dommages subis par notre planète.

Soucieux de ne pas trop noircir le tableau, j'ai bien tenté de pointer aussi ce qui marche : les bonnes volontés et les initiatives nombreuses, qui se manifestent quotidiennement dans des territoires et des univers très divers. Il n'en reste pas moins que, sauf à se voiler la face, bien des sujets abordés ici sont lourdement préoccupants tant ils nous promettent des lendemains difficiles.

À moins que… À moins que l'idée défendue dans cet ouvrage de regarder ces réalités sans détourner le regard ne contribue à susciter de nouvelles prises de conscience. De nouvelles perspectives dont le point de départ serait les vies et actions quotidiennes des habitants, des territoires, des forces vives du pays, dans leurs diversités et avec ce qu'elles ont de commun à savoir un pays, un continent, une planète, une histoire, des valeurs et une société à partager…

À moins que ces perspectives ne contribuent à provoquer des changements de postures et de politiques publiques, à faire évoluer nos priorités en remettant au centre du jeu les fondamentaux : permettre à chacun de disposer de conditions minimales d'existence sur une planète qui reste vivable.

*

Je ne suis pas soudainement en train de rêver naïvement, seul face à ces pages blanches, mais simplement de proposer de renverser notre regard. En nous fixant collectivement comme premier objectif la mise en place d'un bouclier de protection pour les plus pauvres et les plus modestes. Un bouclier qui permette, progressivement mais sans tarder, de faire en sorte que chacun puisse a minima avoir accès à un toit digne, aux soins médicaux, à une alimentation de qualité, à l'éducation. Tout en soutenant aussi ceux qui vivent sur le fil et dans la peur de basculer.

Nous devons protéger, soutenir les plus pauvres et les catégories populaires. Pas nécessairement avec les mêmes leviers ni avec la même intensité, mais les soutenir tous deux. Ce qui, par effet ricochet, rassurera tout un pan de la population qui se trouve juste au-dessus et craint parfois le sort qui pourrait lui être réservé en cas de coup dur. Un bouclier protecteur qu'il s'agirait d'accompagner d'un renforcement ambitieux des services publics sur tout le territoire.

Ces deux leviers permettraient de contrecarrer les effets les plus durs de l'exclusion mais aussi des inégalités. Ils permettraient d'apaiser bien des angoisses et des souffrances et de susciter beaucoup de bonheur, comme cela a été le cas pour toutes ces personnes rencontrées au fil des années qui, parfois les larmes aux yeux, n'en revenaient pas de rentrer enfin chez elles, dans un vrai logement, ou de trouver un travail qui leur ouvrait grand de nouveaux horizons…

Je pense à Françoise, qui a dormi pendant trois ans avec sa fille de 12 ans sur le canapé du salon d'une amie, à Lyon, après avoir été expulsée de son logement qu'elle ne parvenait plus à payer suite à la perte de son emploi de secrétaire. Jusqu'au jour où lui a été attribué un logement social avec deux chambres, à 420 euros par mois charges comprises.

À José, bibliothécaire en CDI à Paris, qui a passé vingt-cinq ans dans 5 mètres carrés (et même moins de 1 mètre carré au sens de la loi Carrez), avant que la Fondation Abbé Pierre ne l'aide à sortir des griffes d'un marchand de sommeil aux côtés d'une dizaine d'autres locataires de l'immeuble qui subissaient le même traitement[1].

1. « Paris : José, 71 ans, 25 ans de vie dans moins de 1 m^2 », *Le Parisien*, 27 septembre 2018, https://www.leparisien.fr/paris-75/

À Thierry, ce Toulousain qui à sa sortie de l'aide sociale à l'enfance, à 19 ans, s'est retrouvé comme beaucoup d'autres à la rue[1]. Il n'a pas compris comment on avait pu le « lâcher ainsi dans la nature », sans logement, sans travail, sans même le RSA, après que la société l'eut soutenu pendant des années suite à la disparition de ses parents. Thierry vit désormais dans un foyer pour jeunes obtenu grâce à l'aide d'une association. Il sait bien qu'il ne s'agit que d'une solution temporaire, mais il ne cache pas son bonheur d'être enfin chez lui et d'avoir quitté la brutalité de la rue. Imaginons-nous un instant à quel point la situation serait différente pour tous ces jeunes sans soutien familial si le RSA leur était ouvert…

Je pense aussi à Ginette, 58 ans, dont les portes de la pension de famille de la Fondation Abbé Pierre, à Woippy dans la banlieue nord de Metz, se sont ouvertes après des années de galère et de rue qui l'ont usée. Elle est maintenant chez elle, dans son logement, avec un bail et un loyer même modique à payer, « comme tout le monde ». Elle se sent si bien « dans sa nouvelle famille » avec qui elle partage certains repas et des activités dans les espaces collectifs aménagés pour cela.

À Samir, 22 ans, qui a quitté la Syrie sous la menace, transitant par la Libye, puis l'Italie, avant d'arriver en France après un long et dangereux parcours. Samir vient d'obtenir un titre de séjour, a commencé une formation

---

paris-jose-71-ans-25-ans-de-vie-dans-moins-de-1-m2-27-09-2018-7905066.php

1. Plus d'un quart des personnes sans domicile sont passées par l'aide sociale à l'enfance.

en cuisine et peut, après avoir subi des conditions de vie dégradantes dans notre pays, de nouveau espérer.

Ou encore à Geneviève, 85 ans, qui a enfin pu faire réparer le toit troué de sa maison, mais aussi isoler ses fenêtres et changer de chaudière, suite à l'intervention d'une association et des financements croisés de l'État, de collectivités locales et de la Fondation Abbé Pierre. Geneviève vit désormais bien au chaud après avoir vécu tant d'hivers prostrée dans sa cuisine, là où trônait le poêle à bois…

On pourrait citer tant d'autres personnes dont les vies ont été relancées grâce à la protection sociale et aux solidarités. N'oublions jamais que derrière les aides et les dispositifs publics, derrière les budgets votés au Parlement ou dans les collectivités, ce sont autant de solutions, de personnes et de familles. Et n'oublions jamais, comme le rappelle Laurent Desmard, le président d'honneur de la Fondation Abbé Pierre, que « tendre la main au plus faible, c'est le rendre plus fort. Et c'est devenir plus fort ensemble ! ».

*

Nous devons, je souhaite ici le marteler, accepter de changer de paradigme pour réinstaurer une société plus juste et plus solidaire. Partager davantage les richesses des ménages comme celles des entreprises, tout en tenant compte des capacités de chacun. Non par principe ou idéologie, mais pour se donner les moyens de répondre aux enjeux écologiques ou de solidarité que j'ai détaillés tout au long de ce livre, ainsi que à ceux qui sont liés au vieillissement de la population, à la santé, l'éducation, la mobilité, la sécurité, etc.

Un partage des richesses qui conduirait dans le même temps à réduire les inégalités et à apaiser un tant soit peu les ressentiments et les colères qui ne cessent de gagner du terrain dans les têtes et dans les urnes. Car nous savons à quel point les tensions sociales sont, pour une large part, attisées par les difficultés socio-économiques, l'absence de perspectives, les injustices de toutes natures, la dégradation des services publics qui accroît le sentiment d'être laissé seul face à ses problèmes… Nous savons aussi que ces tensions conduisent trop souvent à rechercher des « coupables », des boucs émissaires contre lesquels retourner ses propres colères. Cet apaisement serait bienvenu pour renforcer le sentiment d'appartenance collectif et lutter contre la fragmentation sociale.

L'idée n'est pas de céder à l'angélisme. Et pour tout dire, je suis plutôt, aujourd'hui comme souvent, habité par le doute face au rouleau compresseur de ceux qui détiennent les prétendues « évidences et vérités » sur ce que la société doit faire, ou pas, sur les plans économique, social et écologique. Habité par un doute, qu'heureusement les analyses de nombreux intellectuels et les engagements stimulants de certaines personnalités permettent de dépasser. Je pense évidemment au combat mené sans relâche – et avec une rare détermination – par l'abbé Pierre pendant plus de soixante ans[1]. Mais je pense aussi à tous ces philosophes, sociologues,

1. Une très longue histoire que le biopic de Frédéric Tellier *L'Abbé Pierre, une vie de combats*, sorti le 8 novembre 2023, avec Benjamin Lavernhe dans le rôle-titre, retrace magnifiquement.

économistes, romanciers… qui ont pris le temps d'écouter et comprendre nos sociétés. Pour ne prendre qu'un seul exemple, je citerai Ester Duflo, prix Nobel d'économie en 2019, qui rappelle régulièrement combien les dispositifs d'aide aux plus pauvres sont construits autour de la croyance selon laquelle ils encourageraient la « paresse » et inciteraient les individus à « profiter du système » et, de ce fait, connaissent souvent « une dimension punitive ». Alors que ses expériences et travaux de recherches montrent tout le contraire : plus on aide les gens, plus ils sont capables de repartir d'eux-mêmes.

*

Pas d'angélisme donc, mais une forte envie d'inventer de nouvelles façons de faire et surtout de travailler aux conditions de leur mise en œuvre. Ce qui impose un certain nombre de préalables.

Tout d'abord, faire de la protection des plus pauvres et des plus modestes la priorité. Avant tout pour répondre à leurs difficultés, nous l'avons dit. Mais aussi pour apaiser la société en adressant une attention et un soutien renouvelés à tous ceux qui sont ou se sentent (et j'insiste sur cette dimension du ressenti) en difficulté ou fragilisés. Une nécessité alors que les appartenances aux catégories sociales sont moins figées aujourd'hui qu'hier et que les passages d'une situation à une autre sont plus fréquents. Une nécessité aussi parce que l'on sent bien la tentation, chez certains, d'opposer les catégories entre elles, voire de les monter les unes contre les autres.

Autre condition majeure : lutter activement contre toutes les exclusions et les inégalités (en redonnant sa juste place à la question du logement). Pour inverser les effets délétères de la « lutte des places » qui ne cesse de gagner du terrain (pour trouver un logement, un stage, un emploi, etc.), de l'exacerbation des concurrences, de la privatisation de réponses jusqu'alors publiques, de la montée en puissance d'inégalités liées à des patrimoines qui, aujourd'hui plus qu'hier, sont davantage hérités que « mérités »... Et intégrer aussi pleinement ces enjeux à l'immense chantier de la transition écologique qui s'ouvre devant nous.

Troisième condition majeure et sur laquelle je souhaite insister ici : la réhabilitation de l'action politique, seule à même de répondre aux défis sociaux et écologiques d'ampleur auxquels nous avons à faire face. Que ce soit à l'échelle nationale ou locale, c'est en effet elle qui dispose de leviers décisifs pour mener à bien ces ambitions : la fiscalité, la redistribution ciblée des ressources et des richesses, la mise en place de normes et d'incitations, le déploiement des protections sociales et des services publics, etc.

Mais si l'action politique est la seule à disposer de tels leviers, elle ne doit pas pour autant définir seule les attendus ni les contours des dispositifs à mettre en place. Elle ne peut encore moins les mettre concrètement en œuvre sans mobiliser largement la population. D'où la quatrième condition autour de la nécessité de réactiver la démocratie. En construisant, puis en déployant les politiques publiques sur le terrain en partant de ce que font et seraient en mesure de faire les habitants, les collectivités, les organismes publics ou paritaires, les acteurs intermédiaires (associations ou entreprises) qui sont investis pour faire évoluer le bien commun et l'intérêt général.

C'est donc un appel à l'engagement, à la participation et à la mobilisation collective autour de ces enjeux sociaux et écologiques que je lance ici. Un appel aussi à l'apaisement et à la transformation des inquiétudes et des injustices en actions justes et durables. En nous rappelant que deux chemins principaux s'ouvrent à nous : soit nous continuons à gérer les crises en nous cantonnant à des mesures d'urgence ; soit nous transformons durablement et de façon juste la société, en partant des valeurs, des fondamentaux et des conditions de mises en œuvre pointés ici. Tout en intégrant le temps long, le seul qui permette d'opérer des transformations durables et de prendre en compte les coûts sanitaires, sociaux et économiques évités.

Il y a donc urgence à porter un nouveau projet de société positif dans lequel un maximum de personnes se reconnaissent et trouvent leurs places. Car le risque est clairement que ce soient ceux qui prônent une vision manichéenne et une lecture fragmentée de la société qui emportent la mise sur le plan politique ; entraînant avec eux nombre de laissés-pour-compte et de personnes qui se sentent méprisés. Une zone de turbulence dans laquelle nous sommes bel et bien entrés dans notre pays et un risque qui a déjà pris corps dans d'autres pays en Europe ou ailleurs dans le monde. Et cela, malgré la dureté et le caractère anxiogène des projets de société proposés.

*

Avant de terminer cet ouvrage, prenons-nous une dernière fois à rêver. À rêver de candidates et de candidats qui, à l'occasion des futures échéances électorales, débattraient âprement pour savoir quelle équipe sera la plus à même d'agir efficacement contre les exclusions, les inégalités et les atteintes à notre planète. Des candidats qui porteraient haut et fort l'idée que la puissance publique est la famille de ceux qui n'en ont pas. Qui s'engageraient à soutenir ceux que trop souvent l'on montre du doigt, alors que l'on devrait leur tendre la main. Des candidats qui rappelleraient que la diversité est une richesse. Que les ressources de notre planète ne sont pas infinies, loin de là, et que nous avons la très lourde responsabilité des générations futures.

Et cela, sans renoncer à se confronter aux difficiles questions budgétaires, à la complexité et à l'interdépendance des sujets sociaux, économiques et écologiques. Tout en veillant à trouver les meilleures voies possible pour embarquer un maximum de monde, en cultivant ce qui nous rassemble plutôt que ce qui nous divise.

Et en se rappelant, avec Antoine de Saint-Exupéry, que « dans la vie, il n'y a pas de solutions, il y a des forces en marche : il faut les créer et les solutions suivent ».

Nous aurions tant à y gagner…

Remerciements

Merci à Stéphanie pour sa relecture attentive et à mes enfants pour leur soutien tout au long de ces années d'engagement.

Merci à mes parents, frères et sœurs, à mes amis pour leur complicité et les débats bouillonnants.

Merci aux équipes de la Fondation Abbé Pierre pour leur formidable mobilisation contre le mal-logement.

Merci à tous les chercheurs, acteurs sociaux et politiques qui font vivre la solidarité par tous les temps.

Et enfin, tous mes remerciements à Éric Maitrot, mon coauteur, pour son regard aiguisé et bienveillant.

Table

Cet ouvrage a été mis en page par IGS-CP
à L'Isle-d'Espagnac (16)

CET OUVRAGE
A ÉTÉ ACHEVÉ D'IMPRIMER
SUR ROTO-PAGE
PAR L'IMPRIMERIE FLOCH
À MAYENNE EN FÉVRIER 2024

N° d'édition : 545209-0. N° d'impression : 104211
Dépôt légal : février 2024
Imprimé en France